JN191446

Patchwork quilt idea notebook

パターンから
デザインを考える

藤田久美子
Kumiko Fujita

パッチワーク
キルトの
アイデアノート

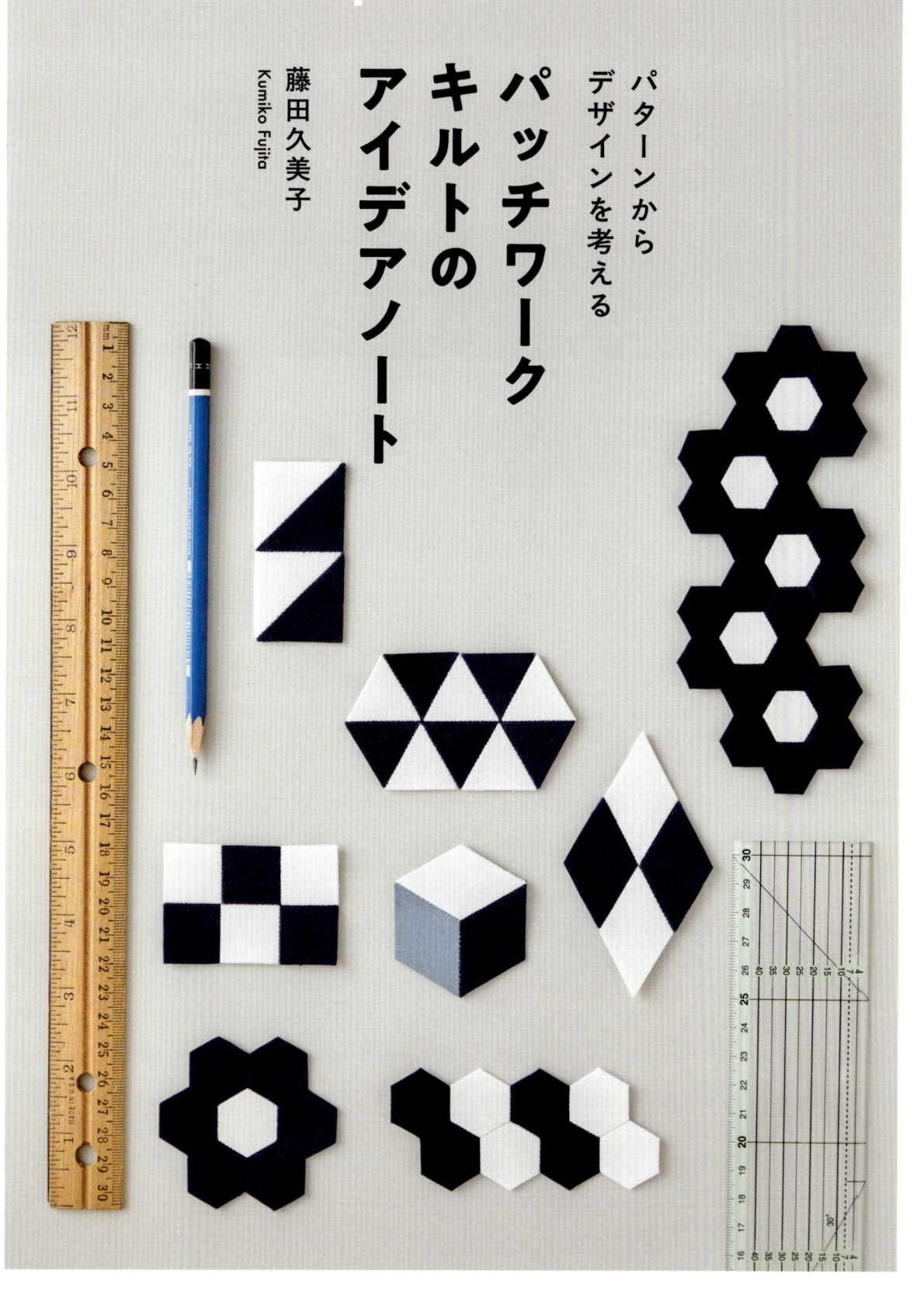

Prologue
はじめに

　トラディショナルパターンからパターンデザインの楽しさと基礎を学び、キルトデザイナーになりました。もともとデザインの勉強をしていたので、グリッド＝格子から考えるパッチワークパターンの考え方は受け入れやすいものでした。格子に沿って縦、横、斜めの線で結んでできるパターンの合理的で規則正しい美しさ、そこにさらに色が加わり、布で表現することのおもしろさ。パターンの一つ一つに名前がついていることも魅力的です。パッチワークの小さなパターンの中にデザインのおもしろさが詰まっています。

　パターンには、トラディショナルパターンのように正方形の1辺を等分した格子で構成された幾何学模様を中心としたもの、等分割とは異なる具象パターンのものがあります。思い描く形をパターンにするのはむずかしいですが、等分割の格子を理解することで考えやすくなります。私の具象パターンの考え方は、等分した格子をガイドラインとしてデザインします。そうすることで一部が等分割で

なくても全体にまとまった安定感があります。具象をデザインするにはアップリケという方法もありますが、直線で描かれたパターンのデザインはアップリケとは違うよさがあります。大切なのは分割線は縫い線になるということ。少ない線で構成されたデザインを心がけてます。

　よく「何をデザインしたらいいのかわからない」という悩みを耳にします。トラディショナルパターンは身の回りにあるありとあらゆるものからデザインが生まれています。私たちも身の回りのものからデザインをしてみましょう。私がこの本でいちばん気に入っているデザインは「町家格子」です。以前「日本のカタチ」というパターンの本を出版したこともあり、「日本文化の魅力をパターンにする」ということをライフワークにしていけたらと思います。
　この本を通じてデザインも配色も楽しいと思っていただけたら嬉しく思います。

藤田久美子

Contents
もくじ

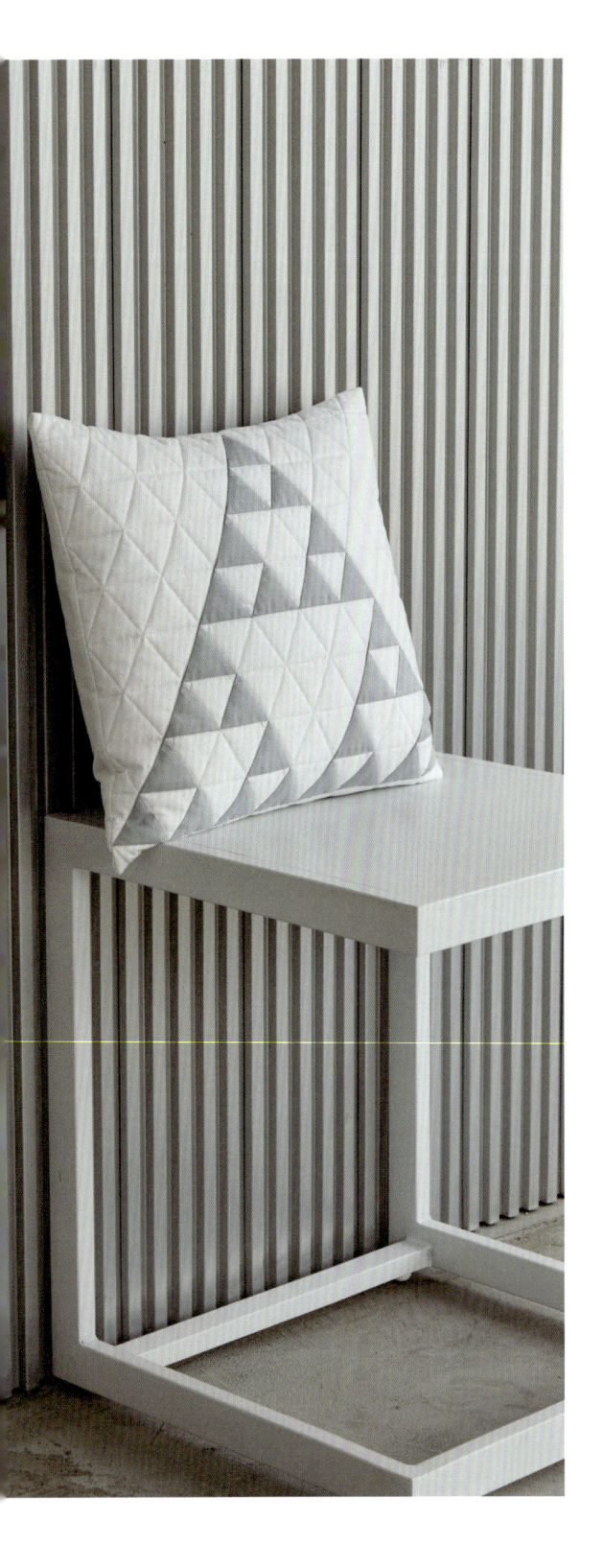

How to use this book
この本の使い方

　この本は、パッチワークのパターンからデザインについて解説しています。基本はグリッド＝格子からデザインを考えます。

　1章では伝統的なトラディショナルパターンから基本を知ります。2章ではいちばんの基本である四角形を取り上げ、縫い方から展開までを解説します。3章では三角形、4章では六角形、5章では丸とカーブを解説しています。格子から考えるパッチワークパターンは幾何学模様で成り立っているために形ごとに解説していますが、それぞれの形には関連性があります。分割を変えるとどうなるのか、組み合わせるとどうなるのか、配色との関係性など、基本的なことから見え方の違いを楽しむ検証的なことも掲載しています。

　6章と7章は自分でデザインを考える応用編になります。6章は身の回りのものをヒントにする考え方と実践、7章はトラディショナルパターンをベースにオリジナルを考えます。8章は色の話です。

　それぞれの章に、実際に縫ったパターンと、関連性のある作品を掲載しています。図案だけでなく、布や色の使い方、質感を実際に見て感じ、いかしていただけたらと思います。

　1章から8章まで基本と応用に分かれていますが、どの章から読んでも大丈夫です。8章の色の話を読んでから、1章の基本に戻っても、応用から基本に戻っても新しい発見があると思います。

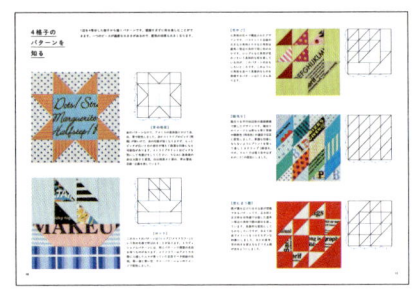

縫ったパターンと図案で基本を解説。

関連する作品と、基本的な縫い方。

色の話も布を使って解説。

パッチワークキルトの基本用語

【裏打ち布】　キルトの裏側につける布。

【落としキルティング】　ピースやアップリケの縫い目のきわに入れるキルティングのこと。

【キルト綿】　シート状の綿。トップ（表布）と裏打ち布の間にキルト綿をはさみます。キルト芯ともいいます。

【キルティング】　裏打ち布、キルト綿、トップの順に重ねて、小さな針目で3層を一緒にステッチすること。

【トップ】　キルトの表布。ピーシングしているものも、一枚布もあります。

【バインディング】　キルトの周囲の縫い代をバイヤステープなどでくるんで始末すること。パイピングともいいます。

【ピーシング】　ピース同士を縫い合わせること。

【ピース】　型紙で印をつけて裁った最小単位の布のこと。

【ブロック】　パターンなど、キルトのデザインを構成する一つ。

【ボーダー】　ブロックの周囲に額縁のようにつける帯状の布。

【ラティス】　ブロック同士をつなぐ帯状の布。

【ユニット】　ブロックを大まかに分割した単位。ピース同士を数枚接いで作ります。

chapter.

1

トラディショナルパターン

トラディショナルパターンのデザインは格子が基本となっています。格子の縦と横の線に斜めの線（対角線）が加わって、幾何学模様が出来上がる、これがパターンの元となる考え方です。等分された格子は規則性があるので統一された美しさがあります。1章ではトラディショナルパターンからデザインの成り立ちを知りましょう。

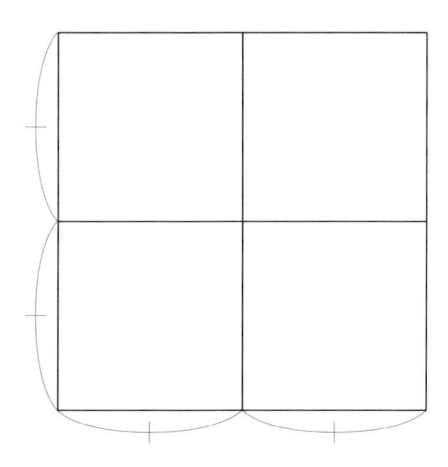

同じ四角形を4枚縫い合わせた「フォーパッチ」は
最小単位といえるトラディショナルパターンです。

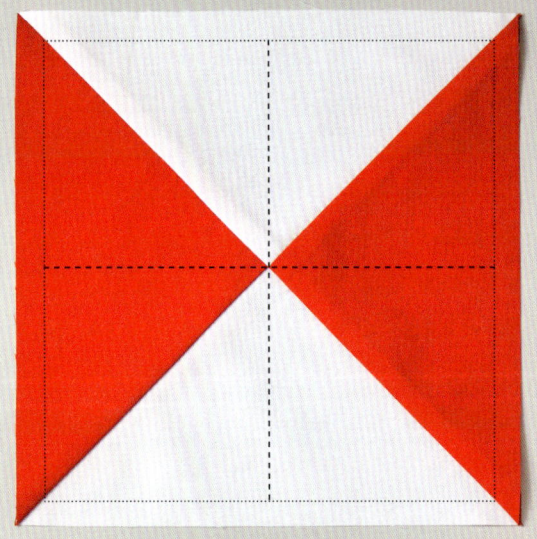

パターンをわかりやすく赤と白で配色。等分に分割した線は点線で表しています。上の「コットンリール」は1辺を2等分した2格子、左中の「シューフライ」は1辺を3等分した3格子、右中の「四角の中の四角」は1辺を4等分した4格子、左下の「エデンの園」は1辺を5等分した5格子、右下の「オハイオスター」は1辺を6等分した6格子です。コットンリールは目立つ赤を背景にして白い糸巻きにしたネガポジ配色にしました。四角の中の四角もネガポジの配色です。

格子の分割とは何か

トラディショナルパターンの多くは、正方形の1辺を等分した格子（グリッド）から描く、美しい幾何学模様です。例外はありますがパターンは等分の分割なので同じ図形や似た図形の組み合わせ、デザインに統一感があります。何千というトラディショナルパターンがありますが、格子からオリジナルのパターンをデザインすることもできます。パターンのデザインをゼロから考えるのはむずかしいですが、トラディショナルパターンの格子を理解することで考えやすくなります。トラディショナルパターンを知って、オリジナルデザインにチャレンジしてみましょう。

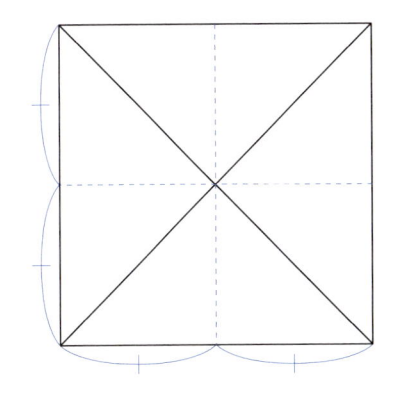

2格子
【コットンリール】
同じ形の直角二等辺三角形が4枚

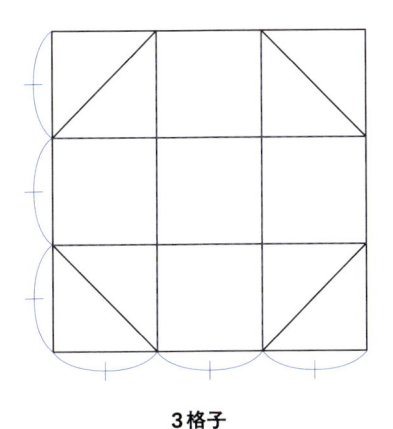

3格子
【シューフライ】
同じ形の直角二等辺三角形と
正方形の組み合わせ

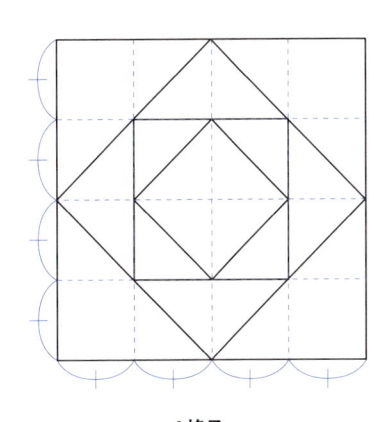

4格子
【四角の中の四角】
大小の直角二等辺三角形が
4枚ずつと正方形の組み合わせ

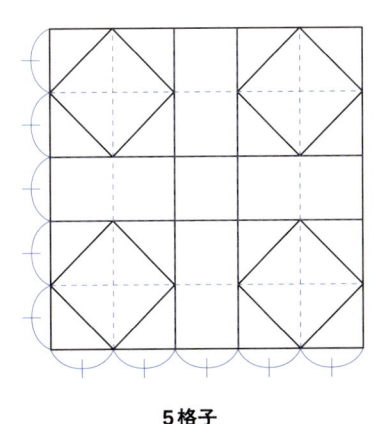

5格子
【エデンの園】
同じ形の長方形、直角二等辺三角形、
2種類の正方形の組み合わせ

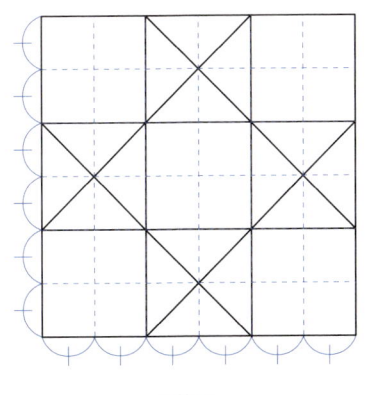

6格子
【オハイオスター】
同じ形の直角二等辺三角形と
正方形の組み合わせ

このように格子を描いて図にしてみると、考え方は実にシンプルでわかりやすいものです。パターンの一つ一つに特徴を表す名前がつけられていることも独特でおもしろさの一つとなっています。ではそれぞれの格子について見ていきましょう。

4格子の
パターンを
知る

1辺を4等分した格子から描くパターンです。複雑すぎずに形を楽しむことができます。一つのピースが適度な大きさがあるので、配色の効果も大きくなります。

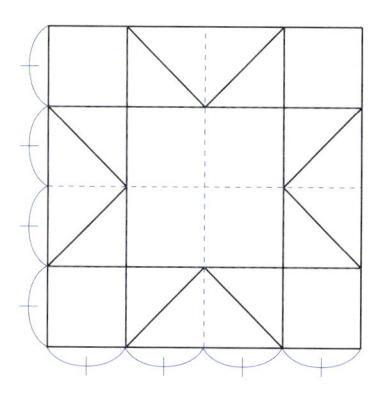

【宵の明星】

星のパターンなので、アメリカの星条旗とかけて赤、白、青で配色しました。赤のストライプのピッチ（間隔）が狭いので、赤の印象が強くなりますが、もっとピッチが広いと白の部分が増えて散漫な印象になる可能性があります。ストライプやドットはピッチを気にして布選びをしてください。ちなみに星条旗の赤は大胆さと勇気、白は純真さと潔白、青は警戒・忍耐・正義を表しています。

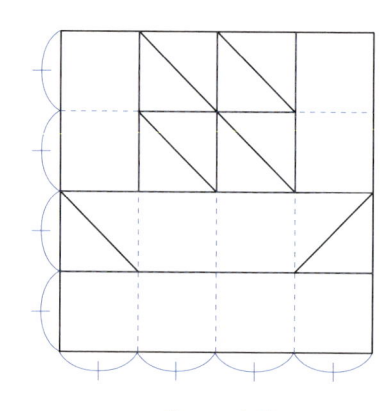

【ヨット】

このヨットのパターンは「シップ」「メイフラワー」という別の名前で呼ばれることがあります。トラディショナルパターンには、同じパターンで複数の名前を持つものがあります。メイフラワーはアメリカ大陸に入植した人々が乗っていた記念すべき帆船の名前。青い海と青い空、サマーバケーションのイメージで配色しました。

【花かご】

三角形の花々で構成されたデザインです。バスケットと台座の大きな三角形と小さな三角形は直角二等辺三角形で同じ形の大小です。シンプルな三角形が花かごという具体的な形を表しているのが、このパターンのおもしろいところです。このように三角形を並べて具象的なものを表現するパターンはたくさんあります。

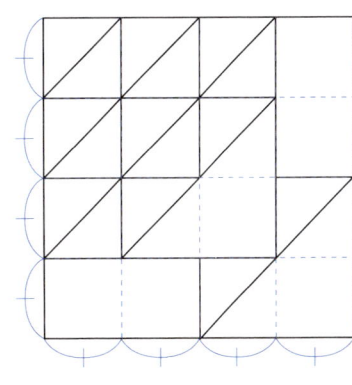

【稲光り】

稲光りを平行四辺形の連続模様で表したデザインです。稲光りのイメージとは異なる青と青緑の隣接色（同系色）の濃淡で交互に配色しました。単調な印象にならないようにプリントを使って楽しくスクラップ（細切れ、小片。キルトでは残り布やはぎれのこと）の配色にしました。

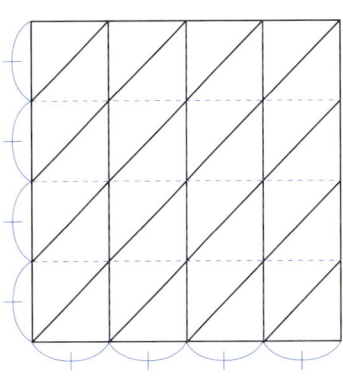

【空にまう鷹】

鷹が翼を広げた壮大な姿が想像できるパターンです。正方形と正方形を対角線で分割した直角二等辺三角形で鷹の部分を表しています。具象的な配色にしてもおもしろいですが、あえて白赤でメリハリをつけたモダンな印象にしました。大小の英字、字の向きを変えるなどリズム感が出るようにしました。

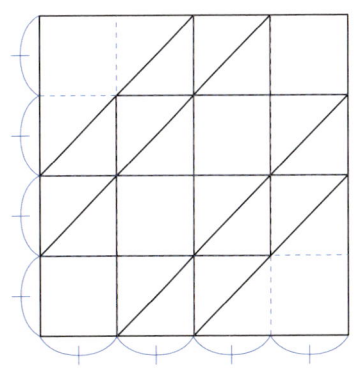

5格子の
パターンを知る

1辺を5等分した格子から描くパターンです。10ページの4格子から一つ増えただけですが、マス目の数が増えて一つの格子の大きさも小さくなります。

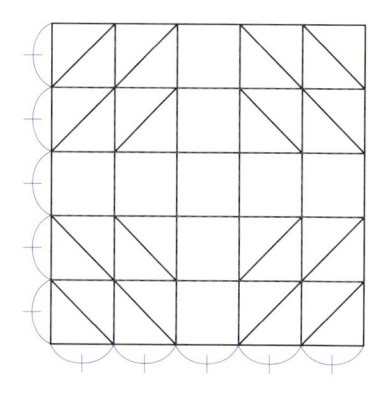

【シングルウエディングリング】

このパターンは「王冠といばら」「ジョージタウンサークル」「ブロックサークル」「回る石」「車輪」「中心の三角形」などいくつもの名前を持っています。四角形と三角形で構成された八角形はストライプを柄合わせしてリングのように、周囲の三角は指輪の輝きをイメージして配色しました。

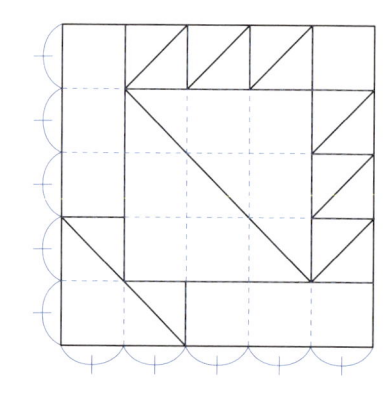

【ケーキスタンド】

ケーキスタンドをフルーツスタンドに見立てて配色しました。背景の黄とケーキスタンドの青は対照色（反対色）となり、お互いの色を引き立て合い、鮮やかに見せる効果があります。

2格子と3格子のピンクッション

単純な2格子と3格子の同じサイズのピンクッション5つ。2格子の「ピンウィール（右上）」と「壊れた皿（右下）」と「四角の中の四角（左上）」は三角形のピースのサイズが同じです。似たような生地を使って配色しました。3格子は分割線が増えたのでピースのサイズが2格子よりも小さくなります。パターン名は右中が「友情の名前の鎖」、左下のマルチ配色は「永遠の木」です。

How to make ▶ 130page

6格子の
パターンを知る

1辺を6等分した格子から描くパターンです。格子の数は増えますが必ずしも複雑になるとは限りません。2格子を大きなピースのまま使うものもあれば1格子を使うものもあり、複雑で細かいというよりはメリハリのついた大きさの図形を使えるようになります。

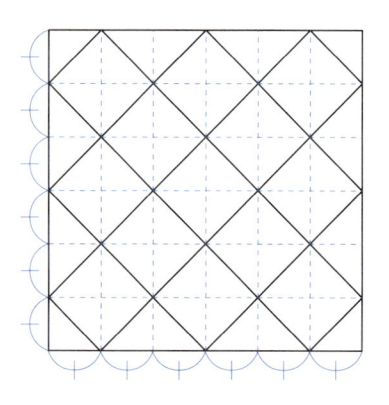

【チェッカーボード】

赤・赤紫と青をベースにした市松配色です。同系色で明暗の差がある布を選びました。これは青に白を混ぜると白の分量でいろいろな明るい青に、黒を混ぜると濃い青や紺になりますが、元の青が同じような色なので安定感のある配色になります。プリントの場合はピースの中の青と白または青と黒の割合によっても見た目が左右されます。白地の花柄をアクセントカラーとして入れました。

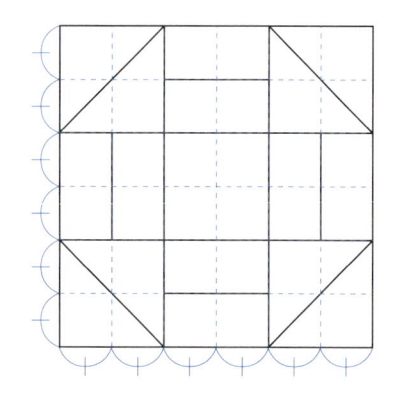

【モンキーレンチ】

三角形と正方形と長方形の図形で構成されたパターンです。モンキーレンチとはボルトやナットのネジを締める工具のことで、中心の正方形がナットを入れる穴あき部分です。レンチ部分の配色と色を合わせたプリントを使ってアクセントにしました。

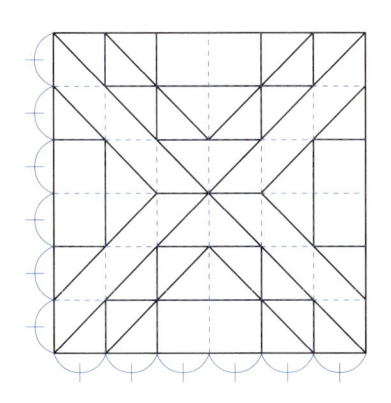

【花園の道】

アルファベットの「X」のような直線部分は、もとの
パターンでははめ込み縫いとなるデザインです。し
かしここでは縫いやすいように線を加えてアレンジ
をしています。このアレンジによって格子の分割が
変わりますが、元のパターンのまま6格子として分
類しています。このように縫いやすいようにアレン
ジをすることはOKで、分割やパターンの縫い方を考
えるステップアップにもつながります。

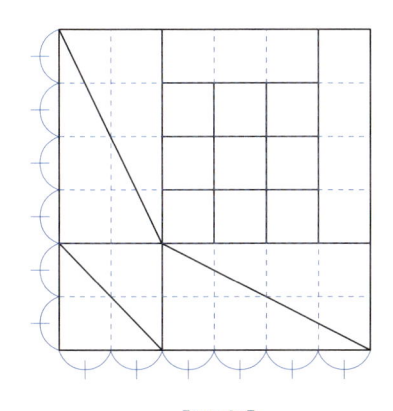

【花束】

正方形のピースが花となる部分なので、花柄と緑の
チェックを使いました。チェックは1枚だけサイズ
を変えて動きをつけています。花束のラッピング部
分はモノクロの英字プリントとストライプで花のや
さしい配色を引き締める効果をねらいました。

縞と四角のクッション

四角形だけで構成された10格子パターンのクッション。長方形はラティス（24ページ参照）、小さな四角形は交点、大きな四角形がメインのピースというイメージで配色しています。キルティングラインは正方形を対角線で分割した斜めのラインでオールオーバーキルト（ピースに関係なく一つのデザインを全体にキルティングする。格子にキルティングするなど）にしました。キルティングで直角二等辺三角形の形が生まれ、四角形と三角形のリズムが心地よいクッションになりました。

How to make ▶ 131page

16

10格子の
パターンを
知る

1辺を10等分した格子から描くパターンです。分割が増えるということは大小の
ピースが使えてメリハリがつき、斜めのラインをいかせる形が作れるようになり
ます。左ページのように、四角だけというシンプルな「縞と四角」のパターンも10
格子です。

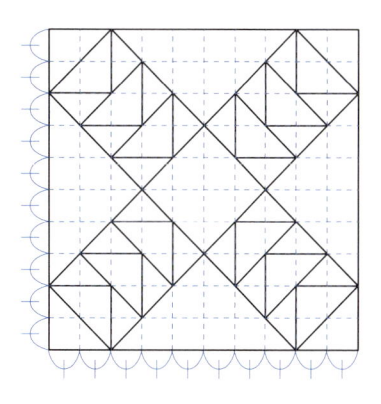

【ワイルドグースチェイス】

三角形が雁を表しているように見えますが、
英語では「Wild Goose Chase」といい、レー
スでリードした馬のあとをほかの馬がまる
で空を飛ぶ雁の群れのように走る様を指す
言葉だったようです。ここでは雁をイメー
ジして、大きな三角形は雁が生息する沼地
を青緑で配色しました。小さなピースの集
まりは縫い縮みが出て、大きなピースと縫
い合わせるときにサイズが合わないことが
あります。微調整をしながら縫いましょう。

【縞と四角】左ページ

3格子のナインパッチのバリエーション
がくり返されるデザインです。全体を同
系色でまとめて、大きな四角形が窓のよ
うにも見えます。大きなピースにどんな
プリントを配置するかを考えるのも楽し
いパターンです。

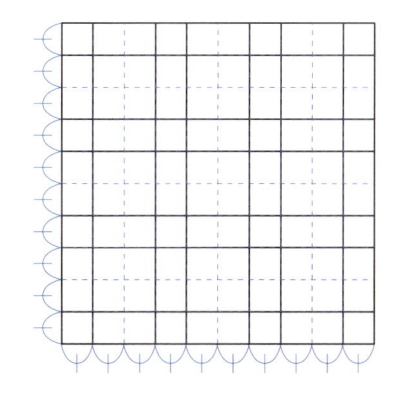

各格子のパターンを
もっと知る

トラディショナルパターンだけでも何千という数のパターンがあり、同じ形なのに違う呼び名で呼ばれていたり、少し分割が違うだけで別のパターンになったりします。10格子までを紹介しましたが、もっと複雑なパターンや変形のパターンもあります。パターン集を1冊持っておくと便利です。

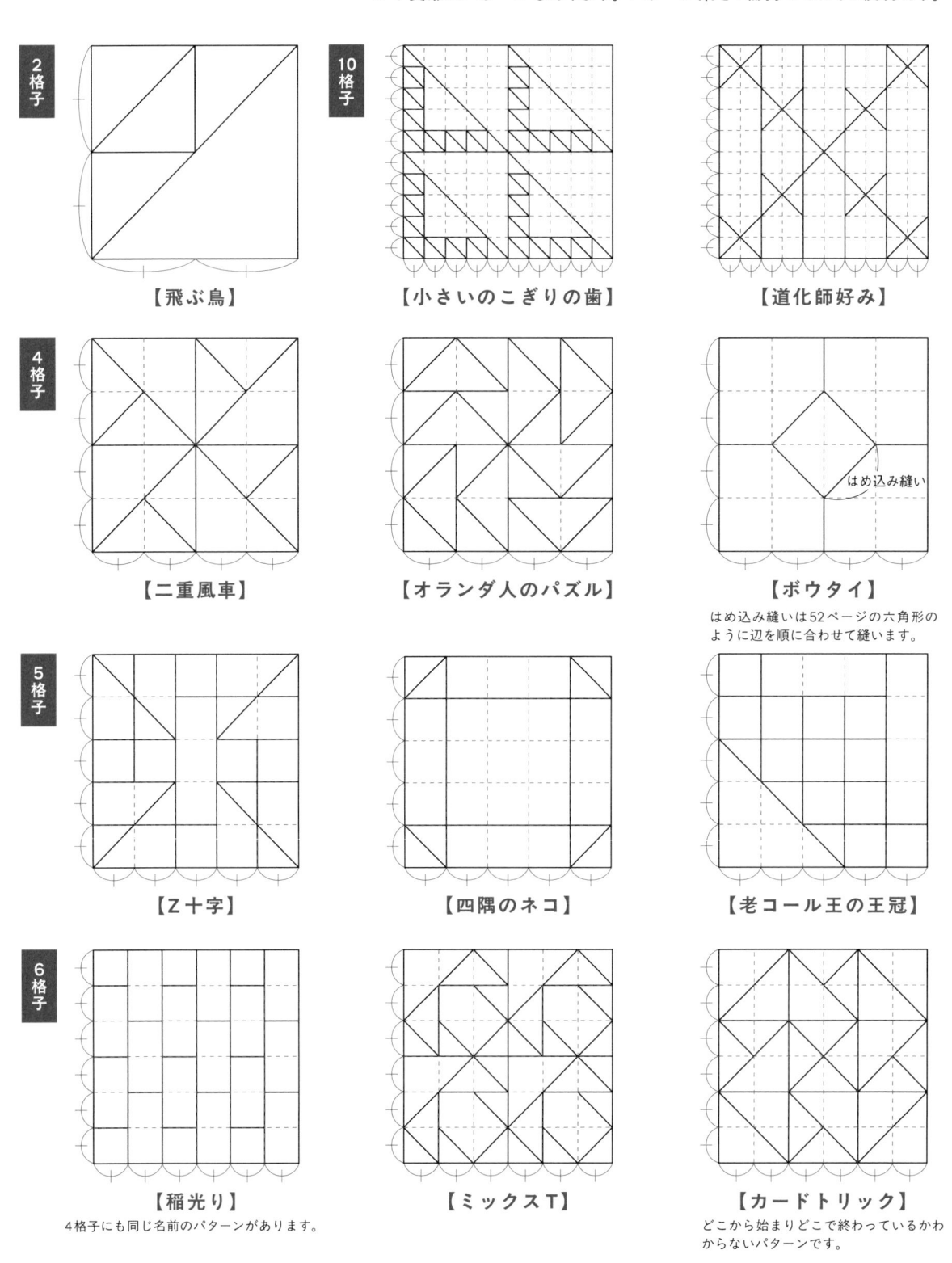

2格子　【飛ぶ鳥】

10格子　【小さいのこぎりの歯】　【道化師好み】

4格子　【二重風車】　【オランダ人のパズル】　【ボウタイ】

はめ込み縫い

はめ込み縫いは52ページの六角形のように辺を順に合わせて縫います。

5格子　【Z十字】　【四隅のネコ】　【老コール王の王冠】

6格子　【稲光り】
4格子にも同じ名前のパターンがあります。

【ミックスT】

【カードトリック】
どこから始まりどこで終わっているかわからないパターンです。

chapter.
2
四角形のアイデア

パターンを構成する上でいちばんの基本であり、いちばんシンプルな形が四角形です。縫い合わせるのも簡単で、初心者さんはここから始めるとよいでしょう。そんな四角形ですが、大小の組み合わせや斜めに配置するなどアイデアはたくさんあります。作り始めるとシンプルがゆえに色や大きさ、構成に悩む奥深いパターンです。

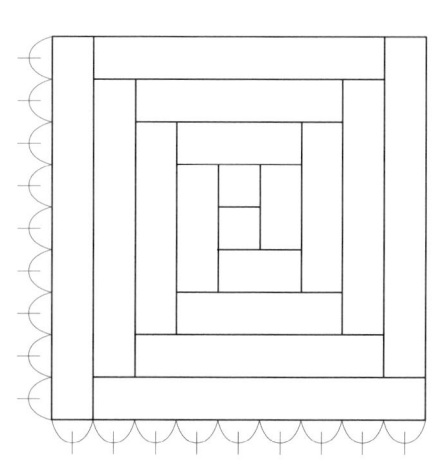

シンプルな四角つなぎもいいですが、
「ログキャビン」のパターンは種類が多く、
展開のおもしろさもあります。

ナインパッチのコースター

ナインパッチは初心者にもベテランにも好かれるパターンで、レッスンワンとなる基本のパッチワークです。正方形の1辺を3等分した3格子のパターンは、正方形9枚のピースで構成されています。残りのはぎれなどでできる簡単パッチワークとしてコースターやピンクッションのかわいい小物からタペストリーまで、何枚も縫いつないで大きなベッドカバーを作ることもできます。

How to make ▶ 132page

基本をおさえる 四角形の縫い方

まっすぐ縫うだけの四角形は基本中の基本ですが、2種類の縫い方があり、きれいに仕上げるコツがあります。ここでは「ナインパッチ」のパターンを手縫いで縫う方法を解説します。ミシンの場合は縫い切りで縫ってください。

1 布の裏に型紙を合わせて印をつけ、縫い代0.7cmをつけてカットします。これで一つのピースができました。

2 同じ型紙で9枚のピースをカットします。ピースを並べて出来上がりの配色を確認します。

3 横1列に縫い合わせます。2枚を中表に合わせてまち針で止め、布の端から端まで（もしくは印から印まで）縫います。縫い始めと縫い終わりは返し縫いをします。

縫い切り

布の端から端まで縫うことを縫い切りといいます。基本はこの縫い方で大丈夫です。

すべて布端まで

すべて縫い切りで縫い、縫い代は上下の列で重ならないように交互に倒します。縫い代は目立たせたい布や濃い布の側に倒すのが基本です。

上下の列を中表に合わせて縫います。交互に倒した縫い代も一緒に縫います。縫い代は写真のように外側に倒すか、一方向に倒します。最後はアイロンで押さえて整えます。

縫い止まり

印から印まで縫うことを縫い止まりといいます。この場合、いちばん外側になる縫い代だけは布端を縫うのを忘れないようにしてください。

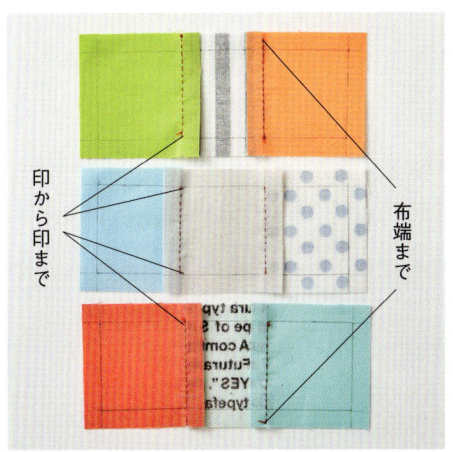

印から印まで

布端まで

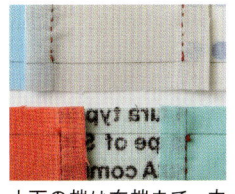

上下の端は布端まで、内側は印まで縫います。縫い代は交互に倒します。

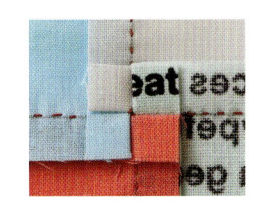

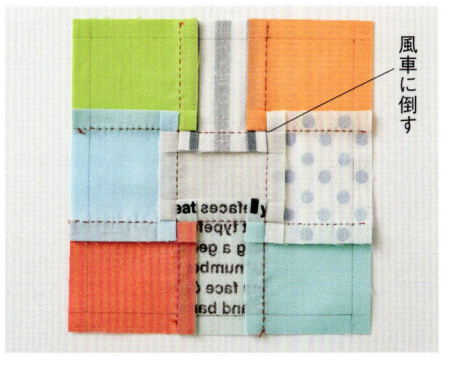

風車に倒す

上下の列を中表に合わせて、布端から布端まで交互に倒した縫い代も一緒に縫います。一緒に縫うことで交点に隙間があかずに仕上がりがきれいになります。縫い代を外側に倒すと交点が風車のように広がり、縫い代の重なりが均等になります。

ナインパッチの
マットとコースター

ナインパッチの青と白を交互に配色し
たさわやかなマットとコースターです。
2枚のコースターは青と白を反対に配
色したネガポジの関係になっています。
マットはコーナーが青のナインパッチ
と白の一枚布を交互に配置することで
四角形のピースが斜めにつながり、「ア
イリッシュチェーン」と呼ばれるデザ
インになります。キルティングは四角
形に沿った格子と片側のみの斜線を組
み合わせて生まれる三角形をポイント
にしました。

How to make ▶ *133page*

配色の違いで
見え方が変わる

ナインパッチのピースの合計は9枚です。配色をどの順番にするかで見え方が変わり、さらにパターンとパターンをつないだときに模様が生まれます。コーナーを白にすると白が5枚、青が4枚、反対のネガポジにすると白が4枚、青が5枚です。

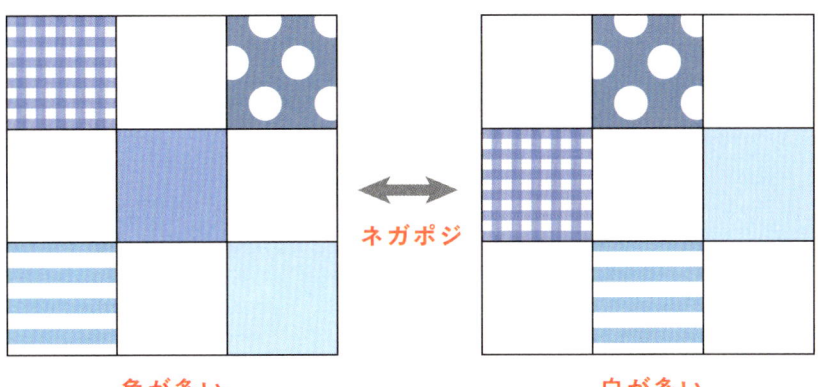

ネガポジ

色が多い
つなぐとアイリッシュチェーンというパターンになる。

白が多い
コーナーが白になり、さわやかになる。

さわやかさが物足りない、好きではない場合は配色でアレンジやバリエーションを考えてみましょう。配色の幅は広げず、青系と白で考えます。ナインパッチの中心の白を青系に変えて十字のデザインにするだけで印象が変わります。

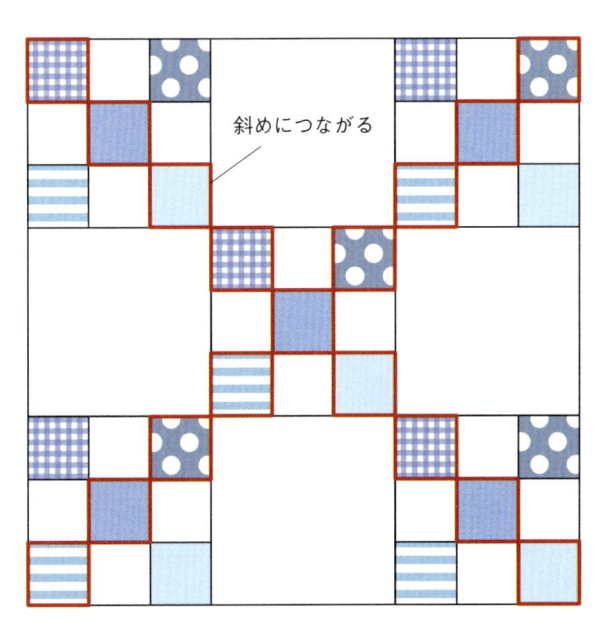

斜めにつながる

マットは市松模様の配置です。ナインパッチと同じ大きさの正方形の無地と交互に並べます。斜めに色がつながり、シングルアイリッシュチェーンというデザインになります。

【アイリッシュチェーン】

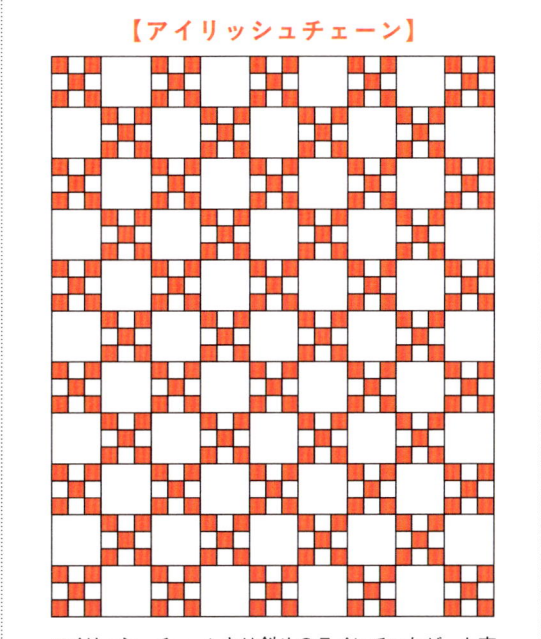

アイリッシュチェーンとは斜めのラインでつながった交差模様です。伝統的なデザインで、19世紀のアイルランドでよく作られました。

周囲にラティスを
つけることの効果

ラティスとはパターンとパターンの間の帯状の布のことです。区切りの役目と、パターンを引き立てる効果があります。ラティスとラティスが交差する部分をラティスコーナーまたは交点といいます。実際にラティスの効果を見てみましょう。

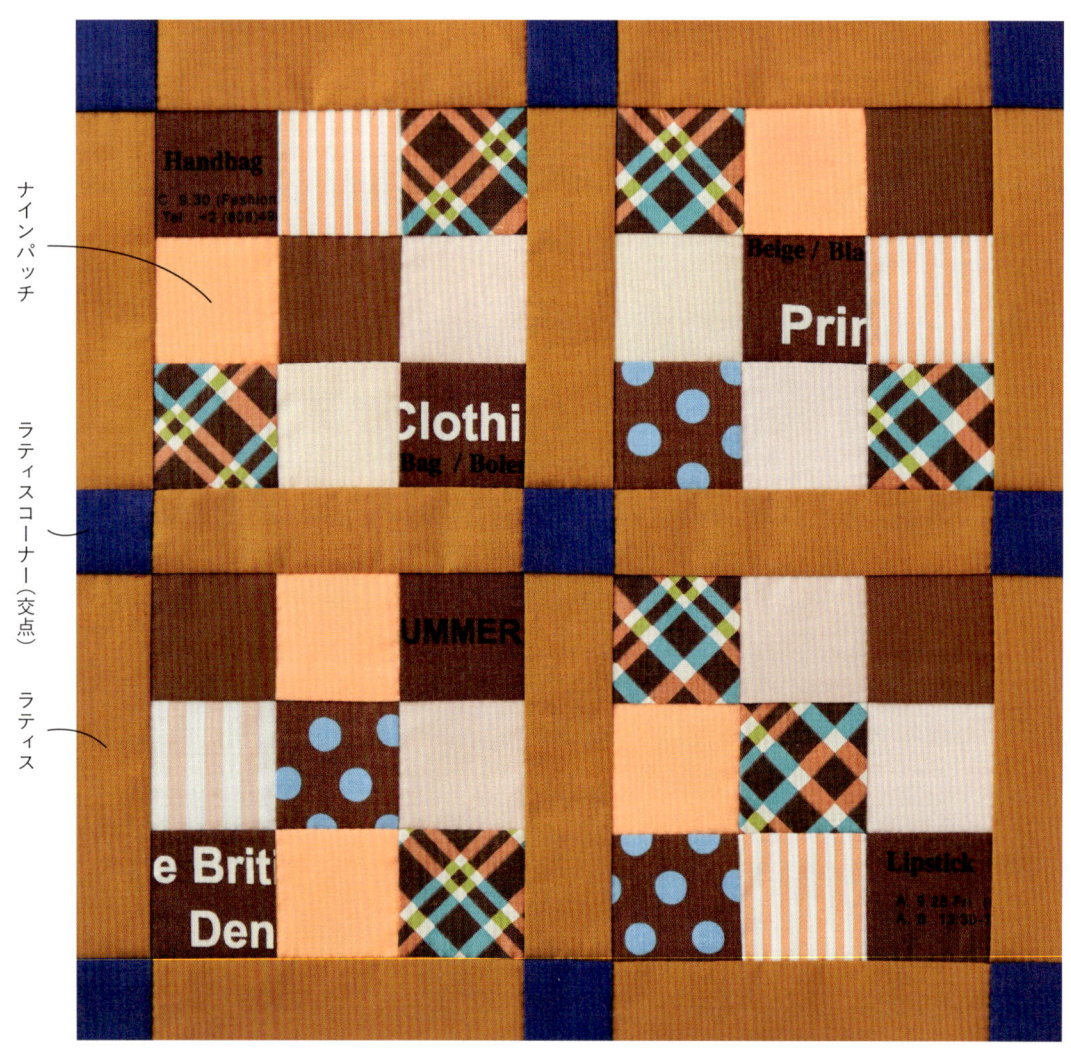

ナインパッチ

ラティスコーナー（交点）

ラティス

ナインパッチ部分は橙と茶系の同系色を交互に合わせました。茶系のラティスは引き立てるというより区切りとしての役目です。ここでは小さなラティスコーナーに茶の反対色の青を配置しました。反対色で目立って引き立つ色ですが、彩度が低いのでさりげないアクセントになります。全体に同系色で安定感のある配色です。

ラティスがない場合のイメージ（左）とラティスコーナーがないときのイメージ（右）。好みもありますが、ラティスがあり、コーナーに青い色があったほうが引き締まるイメージです。

フォーパッチのピンクッション

コーナーにポンポンがついたフォーパッチのピンクッション。ナインパッチ同様に単純な2格子のトラディショナルパターンです。色柄合わせは対角に同じ布か印象の似た布を使い、同系色に近い配色でまとまりを出しました。シンプルで落ち着いた布合わせなのでコーナーにポンポンをつけてポイントにしています。

How to make ▶ 134page

四角形だからできる
ダイヤモンドセッティング

ダイヤモンドセッティングとは正方形のパターンを45度回転してひし形（ダイヤモンド）に並べる配置のことをいいます。ダイヤモンドセッティングにはむかないパターンもあるので、すべてができるとはかぎりません。むかないパターンの場合は、ひし形の中に正方形を製図してその中にパターンを入れればOKです。また108ページの「バレエポーズの女の子」のパターンのように、もともとひし形のパターンもそのまま使えます。

セッティングとは配置するという意味。パターンやブロック、ラティス、ボーダーを組み合わせて配置するとき、またパターンを縫う際に縫い代がついたピースを並べて配色確認をするときにもセッティングという言葉を使います。

ダイヤモンドセッティングのベビーキルト

カラフルなナインパッチと白に青がアクセントの2つのパターンを市松のダイヤモンドセッティングにし、周囲にボーダーをつけました。ボーダーには引き締めたり、引き立てる役目があります。このキルトのナインパッチの配色にはルールを作りました。4つのコーナー（角）のピースはストライプ、ドット、英字プリントのどれかを使う、中心のピースはキャラクタープリントで統一する、上下左右のピースは無地を使ってブライトトーン、ペールトーン（112ページ参照）の明るくやさしいマルチ配色にすること。このように自分なりのルールを作ると配色がしやすくなります。ベビーキルトなのでハンドキルティングでやさしい風合いに仕上げました。

How to make ▶ *135page*

ダイヤモンドセッティングのベビーピロー

ベビーキルトより1cm小さなピースで、4枚のフォーパッチにしました。青系とピンク系のやさしい色の組み合わせは、縦にピンク、横に青がつながるように配色しています。ベビーキルト同様にハンドキルティングでやさしい風合いに仕上げました。

How to make ▶ *136page*

ピースのサイズが同じ、モノトーンバッグ

同じサイズの正方形がくり返されるワンパッチのデザインです。ワンパッチとは同じ形で同じサイズのピースだけをつなぐことをいいます。パターンと違って主張が少なく、洋服とコーディネートしやすいデザインです。無地とストライプと英字プリントだけを使っていますが、英字プリントを使うことで直線だけでなく曲線のおもしろさが加わり、文字や単語の字間や文章の行間で動きのあるストライプのような効果も生まれます。

How to make ▶ 138page

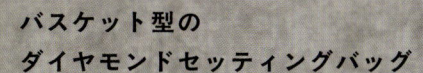

バスケット型の
ダイヤモンドセッティングバッグ

28ページのモノトーンのバッグと正方形のサイズは同じですが、セッティングでイメージが異なります。もちろんバッグの形が違いますが、ここではセッティングの違いを楽しんでください。いろいろな色が登場するマルチ配色は、無彩色の白、黒、グレーを足すことによって有彩色（白、グレー、黒以外の色）が引き立ちます。正方形を4分割するようにキルティングを入れればタイルのようにも見えます。幅広い持ち手を外側につけた、バスケット型の大人かっこいいバッグです。

How to make ▶ *140page*

ログキャビンのファスナーポーチ

ログキャビンの明暗のパターンのポーチです。2枚のログキャビンのパターンをつなぎ合わせるだけの、シンプルながらも使いやすい横長の形。全体で明暗という配色ですが、さらに橙部分はグラデーションに配色（115ページ参照）しています。ピースの幅が狭いので、キルティングはピースとピースの境に落としキルティングをするだけにしてすっきりとさせました。

How to make ▶ *137page*

ログキャビンと
バリエーション

トラディショナルキルトのログキャビンは丸太小屋をイメージしたパターンです。中心から順番に異なるサイズの帯状の布をぐるぐると縫い合わせていきます。配色や中心の位置、ピースのサイズが変わることで違う名前になり、バリエーションがあるのもこのパターンのおもしろいところです。

【ログキャビン】

中心の正方形に帯状の布を順番にぐるぐる縫い合わせます。中心の正方形と帯状の布のサイズはアレンジしてもOKです。中心のピースを大きくして、そこをパターンにするデザインもあります。配色は対角に明暗や濃淡で差をつけます（32ページ参照）。ログキャビン配色のキーワードは濃淡と明暗です。

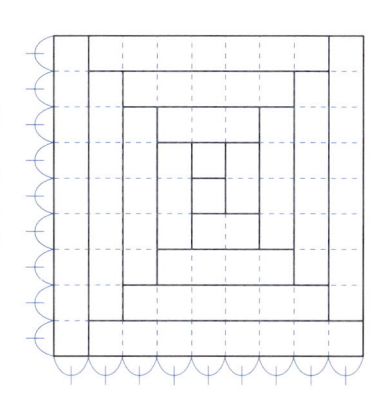

バリエーション【裁判所の階段】

中心の正方形の上下に同じサイズの正方形、次に左右に中心と上下を足したサイズの長方形を縫うことをくり返します。左右と上下それぞれ同じ濃淡・明度にすると蝶ネクタイに見えたり、左右上下が全部違う濃淡・明暗にして四分割にするなどのデザインがあります。

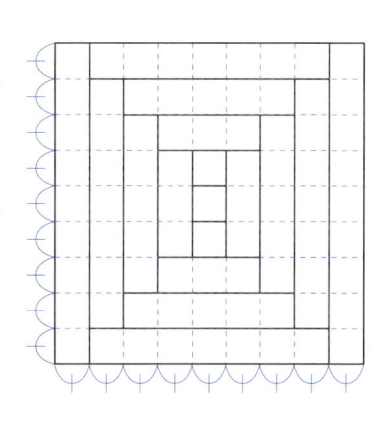

バリエーション【煙突と四柱のアレンジ】

中心のピースが大きいパターンが定番ですが、1マスにアレンジ。「ログキャビンシャーベット」とも呼ばれます。ログキャビンのパターンの中心は暖炉、周囲に縫い合わせる帯状の布は丸太を表しています。このパターンの斜めの正方形は柱です。斜めの正方形がつながって階段状のラインやクロスのラインが美しいパターンです。

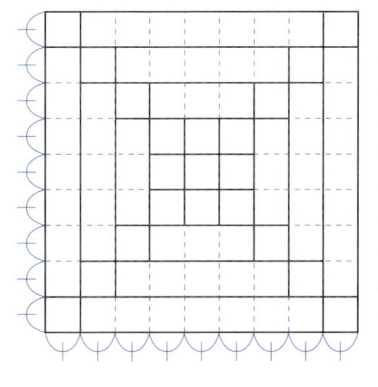 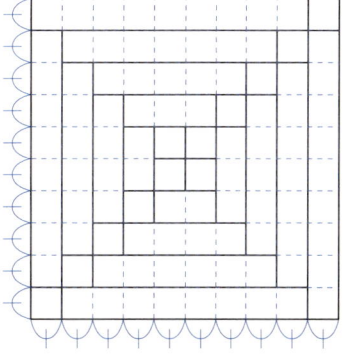

ログキャビンの配色

ログキャビンは配色によって呼び名が変わります。代表的なものに「明暗」「丸太小屋」などがあります。配色以外にも中心の位置を変えた「シェブロン」、ピースの幅を変えれば「カーブ」など、楽しみ方が豊富なパターンです。

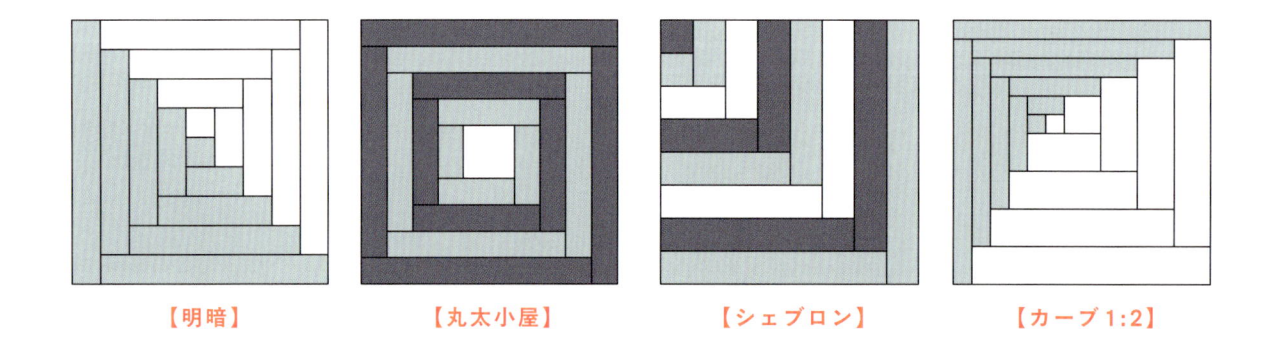

【明暗】 　【丸太小屋】 　【シェブロン】 　【カーブ 1:2】

では実際に、ピンク、橙、黄、ライトグレー、ダークグレーの5色限定の配色でどんなデザインができるか試してみましょう。

【明暗】
中心のピースを同色にした階段状の2色の配色です。

【アンテナ】
両側に広がるようなデザイン。3色を使っていますが、中心のアクセントカラーは少量にします。

【重なる枡】

見え方は丸太小屋と同じです。裁判所の階段のパターンを使って、1周ずつ色を分けています。

使ったのはこの2つのパターン

【ログキャビン】

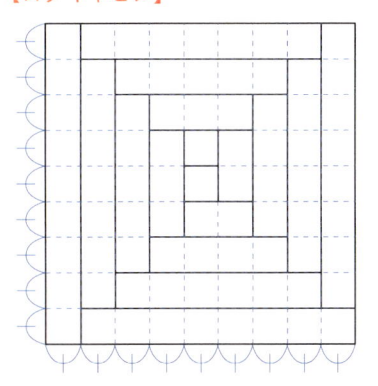

【裁判所の階段】

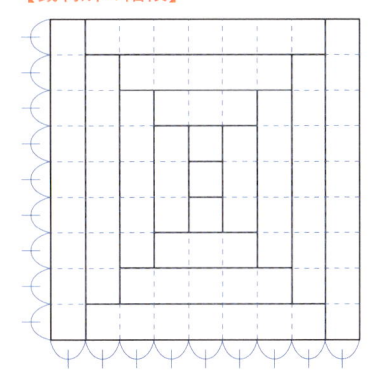

【渦巻き】

5色を使いました。色に目がいきがちですが、ダークグレーが主役になります。

【蝶ネクタイ】

こちらも5色を使ってダークグレーがメインの配色です。裁判所の階段のパターンです。

ログキャビンを
組み合わせて
見えてくる形

ログキャビンや裁判所の階段などのパターンを組み合わせることで、新たな形が見えてくることがあります。大事なのは「色合わせを最初から考えておくこと」です。自由に配色したパターンをつなぐのもかわいいですが、デザインを考えるときはつなぎ合わせることの効果を考えておきます。これは多くのパターンのキルトにいえることです。

中心をアクセントカラーにし、周囲に4色を階段状に配色した裁判所の階段のパターンです。4枚組み合わせることでパターンとパターンをつないだ部分がひし形になり、ひし形がはめ込まれたデザインになります。縫い合わせるパターン同士のピースが、必ず同じ配色になるようにします。

明暗の組み合わせ

32ページの「明暗」を組み合わせて図形やパターンを作ります。
階段状のデザインには直線とは違うおもしろさがあります。

**【対角線で分割した
直角二等編三角形】**

【ひし形（ダイヤモンド）】

【平行四辺形】

【ピンウィール（風車）】

【フライングギース（飛ぶ鳥）】

【山と谷】

キルトへの展開

1種類のログキャビンのパターンをくり返し組み合わせることで新たなデザインができます。大きなキルトへ展開することで、さらに形が生まれるのが魅力です。それぞれのセッティングに名前がついているのもキルトならではのおもしろさです。

ストレートセッティング【汚れた窓】

斜線【まっすぐな畝】

ひし形【明暗】

メダリオン【棟上げ】

chapter.

3

三角形のアイデア

パッチワークで使われる三角形には「正三角形」「二等辺三角形」「直角三角形」「直角二等辺三角形」などの形があります。正三角形は六角形から、それ以外は長方形と正方形を分割することで描くことができます。パターンを考えるときにも、四角形や六角形から考えることを頭に入れておけばヒントを見つけやすくなります。

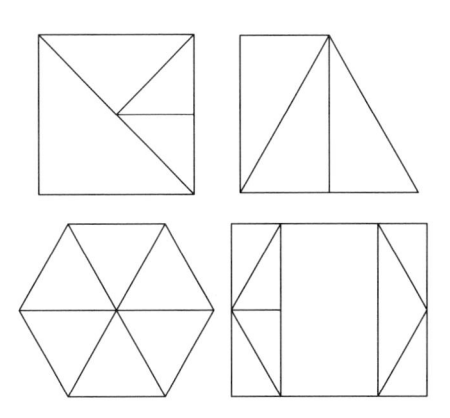

三角形、四角形、六角形は分割したり集合したりして成り立っています。

形を楽しむ小さなマット3点

同じ大きさの三角形を組み合わせたマットの形は、正三角形は正六角形に、直角二等辺三角形は正方形に、直角三角形は長方形になります。正六角形のマットは、明度が高くやさしい色の中に彩度の高い橙をアクセントにした配色。正方形のマットは、落ち着いた無彩色のグレーの配色。長方形のマットは、無彩色の明度差が大きい白と黒の配色。それぞれに印象が変わります。

How to make ▶ *142page*

いろいろな 三角形

三角形の形は豊富です。正三角形、正方形や長方形を対角線で分割した直角三角形、ここには登場してませんが二等辺三角形があります。二等辺三角形よりも四角形を対角線で分割した直角三角形のほうがデザインのバリエーションが考えやすいです。

正三角形は3辺の長さが同じ、3つの内角が同じ、そして6つ合わせると正六角形になる図形。

正方形を対角線で分割した直角二等辺三角形は、3つの角のうちの一つが直角、直角を作る2辺の長さが同じ三角形です。パターンを考えるもととなる格子を対角線で分割してできる形なので、トラディショナルパターンに多い形です。

比率の違う長方形を対角線で分割した直角二等辺三角形。3つの角のうちの一つが直角になります。長方形の縦と横の比率が4:5（上）と1:2（左）で直角二等辺三角形のバランスが変わります。

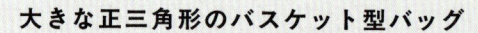

大きな正三角形のバスケット型バッグ

1辺が9cmの正三角形をつなぎ合わせていくと逆台形の形になります。バッグの形は、脇に正三角形の傾斜をいかしたバスケット型です。落ち着いた配色はビビッドトーンにグレーを混ぜたグレイッシュトーン。マルチカラーですがトーンが統一されているので安定感があり、主張が少なくて洋服とコーディネートしやすいバッグになりました。

How to make ▶ *144page*

三角ピースのバッグ

無地とストライプの三角ピースのバッグです。黄と橙は類似色、橙と茶は同系色なので安定感があります。また、橙と青は対照色で、お互いの色を引き立てる効果があります。シンプルな形のペタンコバッグの底布を脇でつまんだデザインと、三角形に沿って1mm幅で入れたミシンステッチのラインがアクセントです。前と後ろで三角形のサイズを変えて見え方の違いのおもしろさも遊んでみてください。

How to make ▶ 143page

正三角形から
できる形

三角形を敷き詰めたらどうなるか。同じ大きさ、同じ形を隙間なく重ならないように並べることでその中から形を見つけます。数学的な見方で遊んでみましょう。

A：12枚でヘキサゴンスター。

B：配色でジグザグ模様。

C：4枚の正三角形。この4枚を4セットで大きな正三角形ができる。

D：三角形2枚のひし形。8枚にすると大きなひし形ができる。

E：10枚の横長の六角形。

F：2枚の平行四辺形。

G：3枚の台形。8枚にすると大きな台形ができる。

H：6枚の正六角形。

このように正三角形をどう組み合わせるかによって見えてくる形が違います。

三角形で構成する
トラディショナルパターン

トラディショナルパターンの多くは正方形の辺を等分した格子（グリッド）のデザインです。等分された格子からできる図形は、同じ形や似た形なので秩序があり、そこから美しい幾何学模様を見出すことができます。
分割することで模様を作ることができるので、トラディショナルパターンを参考にして新たなデザインを考えることができます。

正方形を対角線で分割した直角二等辺三角形のトラディショナルパターン

A:【飛ぶ鳥】やわらかなペールグレー（淡いグレー）と黒の配色です。黒に白のドットをプラスして躍動感を出します。

B:【ピンウィール】風車のパターンは、三角形を交互に濃淡の配色にします。
ここでは風車を黒、隙間にリズム感のある布を使って回る様子をイメージしました。

C:【北斗七星】白と黒は鮮やかさのない明るさのみがある色なので、明るく照らす星のパターンにふさわしい配色です。
明度差が大きい白と黒のコントラストで、直角二等辺三角形の鋭角がより強調されます。

D:【コットンリール】ベースは白に近いペールグレーで配色。ペールグレーはライトグレーより薄い色で白とは異なるやわらかな配色です。白に近い色なので白と同じ膨張効果があり、同じサイズのピースですが大きく感じます。

E:【壊れた皿】無地にストライプ柄をプラスした白と黒の配色。よりモダンな印象になります。

長方形を分割した三角形のパターン

正三角形、正方形を分割したパターンの次は、長方形の分割です。縦と横の比率が1:2の長方形で考えます。形が同じなので、向きと配色がポイントになります。

高さが低い三角形

三角形を横に2枚組み合わせると底辺が4、高さが1の比率の低い4つの二等辺三角形のパターンになります。矢印のようでもあり三角形を積み上げたおもしろさもあります。

ジグザグ

三角形を縦長に組み合わせ、配色で平行四辺形を浮かび上がらせます。平行四辺形を反転して組み合わせればジグザグのパターンになります。

回転して組み合わせることでできるデザイン

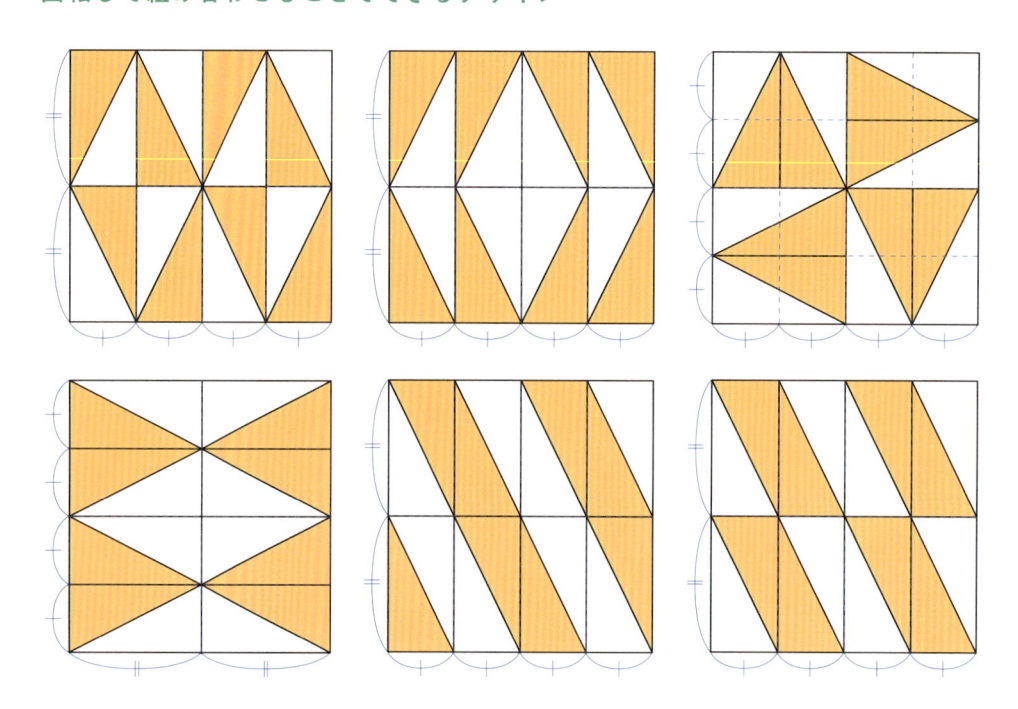

長方形を分割した三角形のクッション

1：2の長方形を分割した三角形で作るクッションです。上は三角形を4枚組み合わせ
たひし形パターンで、ピンクと青緑の対照色をネガポジの配色にしています。下は一
方向にくり返された三角形のパターンで、濃い青と赤紫系の対照色の組み合わせ。濃
淡や明暗の配色で図形を際立たせます。

How to make ▶ 146page

大きい三角形、小さい三角形

大小の長方形を分割して、大きい三角形と小さい三角形を作ります。ベースとなる格子の比率は大きさが違っても同じです。分割の中から大小を見つけてデザインします。

大きい小さい三角形の
クッション

縦4：横5という比率が異なる格子をベースにしました。長方形を対角線で分割した三角形で大小をつけ、小4つ分の大きな三角形をアクセントとして2つ配置しました。色は似ているけど同じではない布を使うことで変化を出しています。キルティングにも斜め線を入れて三角形を作り、関連性を持たせました。

How to make ▶ *147page*

大小を組み合わせる

左は大中小の3サイズの三角形が入っています。三角形の中を分割して長方形を作っていけば、どんどん小さな三角形を見つけることができます。中と右は小さい三角形の向きを変えただけの差です。中は波のように見え、右は山並みのように見えます。

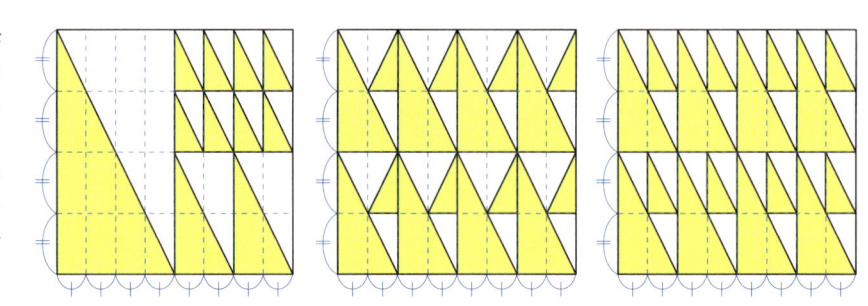

アルファベットがポイントの巾着

巾着本体は横ストライプ、口布は縦ストライプ、ひもはバイヤスというようにストライプ生地を存分にいかして布を使います。本体に接着芯を貼るとアップリケがしやすく、巾着の仕上がりもしっかりします。アルファベットの鋭角の縫い代のことを考えてペーパーライナー（52ページ参照）は使わずにピーシングで仕上げましたが、縫い方はお好みで選んでください。

How to make ▶ 148page

正三角形で作るアルファベット

三角形の傾斜を利用したデザインです。三角形を組み合わせてできる垂直線、水平線、斜線から思いもよらないアルファベットのデザインができます。自分でアレンジしてオリジナルのアルファベットを作ってみてください。モチーフとして作るときはペーパーライナー（52ページ参照）を使ったほうが簡単に美しくできます。

正三角形の格子を使って、自由にデザインしてみましょう。

chapter.
4

六角形のアイデア

街中でも見かける機会の多い六角形は、パッチワークでも人気の形です。六角形の形だけをつなぐワンパッチだけでなく、六角形から作るパターンもたくさんあります。四角形や三角形のように定規だけでは製図ができませんが、コンパスがあれば簡単に製図できるので覚えておくと便利です。

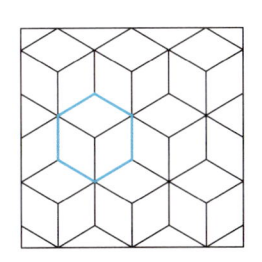
ベビーブロック

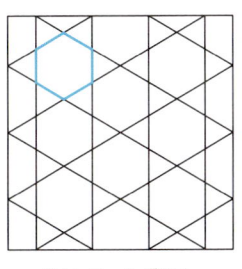
ポインティングスター

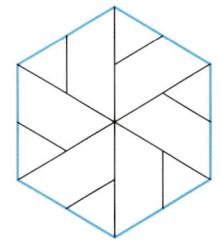
回る三角

「ベビーブロック」は六角形を3つに分割したひし形、
「ポインテッドスター」は六角形と間をつなぐ三角形、
「回る三角」は三角形と台形からなる六角形です。

六角形の縫い方

ピーシングとペーパーライナーの2種類の縫い方があります。ピーシングはピース同士をぐし縫いで縫い合わせる方法、ペーパーライナーは型紙を布でくるんで形作ってから巻きかがりで縫い合わせる方法です。好みで使い分けてください。

ピーシング

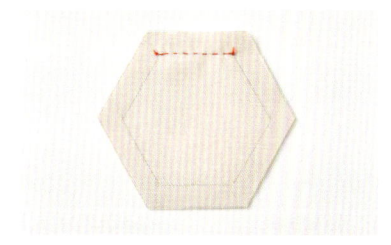

1 布の裏に型紙で印をつけ、縫い代0.7cmをつけてカットします。2枚を中表に合わせて印から印まで縫います。縫い始めと終わりでは返し縫いをします。

2 必要枚数を横の帯状に縫い合わせます。縫い代は同じ方向に倒します。次に帯同士を縫い合わせます。

3 端から順にはめ込み縫いで縫い合わせます。並べて辺を確認してから中表に合わせ、印から縫い始めて印まで縫ったら返し縫いをします。

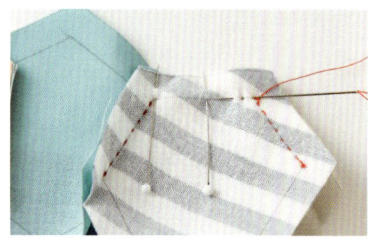

4 いったん針をとめ、次の辺同士を中表に合わせます。針を次の辺の印に出して印まで縫い進めます。印まで縫ったら返し縫いをし、また次の辺同士を合わせて縫うことをくり返します。

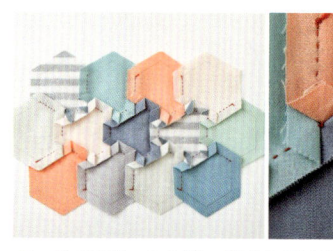

5 すべて縫ったら縫い代を上下に倒して交点を風車に倒します。このように、ピーシングは帯状につなぎ、帯同士をジグザグに縫うのが基本です。

6 花のように縫う場合は、中心のピースに周囲のピースを1枚おきに縫い合わせ、その間のピースをはめ込んで縫います。縫い代は周囲は同じ方向に、中心は外に向けて倒します。

ペーパーライナー

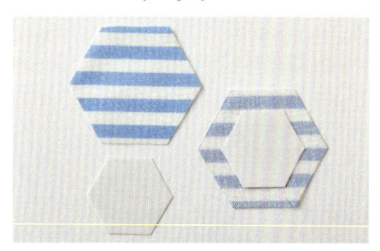

1 出来上がりサイズの厚紙と縫い代をつけてカットした布を用意します。厚紙はピースの数だけ用意します。

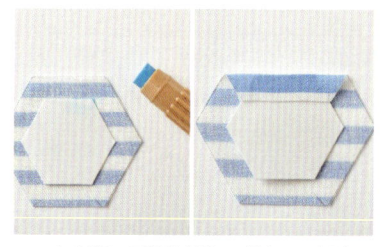

2 布の裏に厚紙を重ね、最初の1辺をたたみます。厚紙側に仮止め用ののりをつけて縫い代を厚紙に沿って折ります。

3 次の辺をたたみ、しつけをかけます。2辺めの角の重なりに針を入れて1辺めに針を出します。3辺めをたたみ、1辺めから3辺めの角に糸を渡して針を入れます。厚紙をすくわず布のみを縫い止めます。

4 辺を折って縫い止めることをくり返して1周します。最初の辺で玉止めをして糸をカットします。これを必要枚数作ります。

5 2枚を中表に合わせ、角から1針内側に針を入れて布のみをすくいます。角に戻って1針すくい、あとは端まで巻きかがりをします。

6 縫い終わりは角まで縫ったら1針戻って玉止めをします。

大きな六角形のバッグ

青にピンクがアクセントの大きな正六角形のバスケット型バッグ。ビビッドトーン（112ページ参照）に白を混ぜたペールトーンとライトトーンの優しくさわやかな配色です。ペールトーンとライトトーンはトーンが近いので統一感があります。淡い配色なのでミシンキルトで入れたくっきりしたオールオーバーキルトが際立ち、幾何学図形の美しさを感じさせてくれます。

How to make ▶ 150page

つなぎ方

横につなぐ

ピーシングでもペーパーライナーでも同じです。帯状に縫ってから、帯同士を順に縫い合わせます。

花単位でつなぐ

1 中心のピースに周囲のピース1枚を縫い合わせます。そのまま隣のピースを中心のピースに順に縫い合わせて1周します。

2 周囲のピース同士を縫い合わせます。花単位のつなぎ方は52ページのピーシング6のように縫い合わせても大丈夫です。

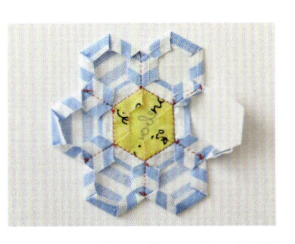

3 しつけをはずし、中の厚紙を抜きます。

配色で
見えてくる形

六角形をつないだ中に形を見つけてみましょう。ドット絵のように四角形や三角形でも模様を描けますが、ピースを小さくしないと形が見えてこない場合もあります。六角形はそこまでピースを小さくしなくても形を作りやすいのが特徴です。

六角形の頂点を上にするか、辺を上にするかでデザインのバランスは異なります。例えば花と茎の組み合わせでは、辺を上にすると茎は直線に、頂点を上にすると茎は斜めになります。

A:【ダイヤモンドフィールド】おばあちゃんの花園のパターンの上下、または左右にピースを1枚ずつ足した縦長や横長のダイヤモンド型。

B:【おばあちゃんの花園】中心の六角形の周囲に1重、2重、3重に重なるデザイン。

C:【ヘキサゴンフラワー(おばあちゃんの花園)】 中心の六角形の周囲に6枚の六角形で構成されたパターン。中心は花芯、周囲の6枚は花びらを表します。

D:【花と茎A】おばあちゃんの花園に茎をつけたパターン。頂点を上にすると茎は斜めになります。
　【花と茎B】おばあちゃんの花園に茎をつけたパターン。辺を上にすると茎は直線になります。

E:【花と葉】おばあちゃんの花園の周囲にピースをはめ込んで葉にしたパターン。

六角形を
正三角形から
作る

六角形の角を対角線でつないで分割すれば正三角形があらわれます。逆に考えれば正三角形で六角形が作れるということになります（42ページ参照）。この六角形の周囲に1周ずつ三角形をつないで、どんどん大きな六角形にすることもできます。

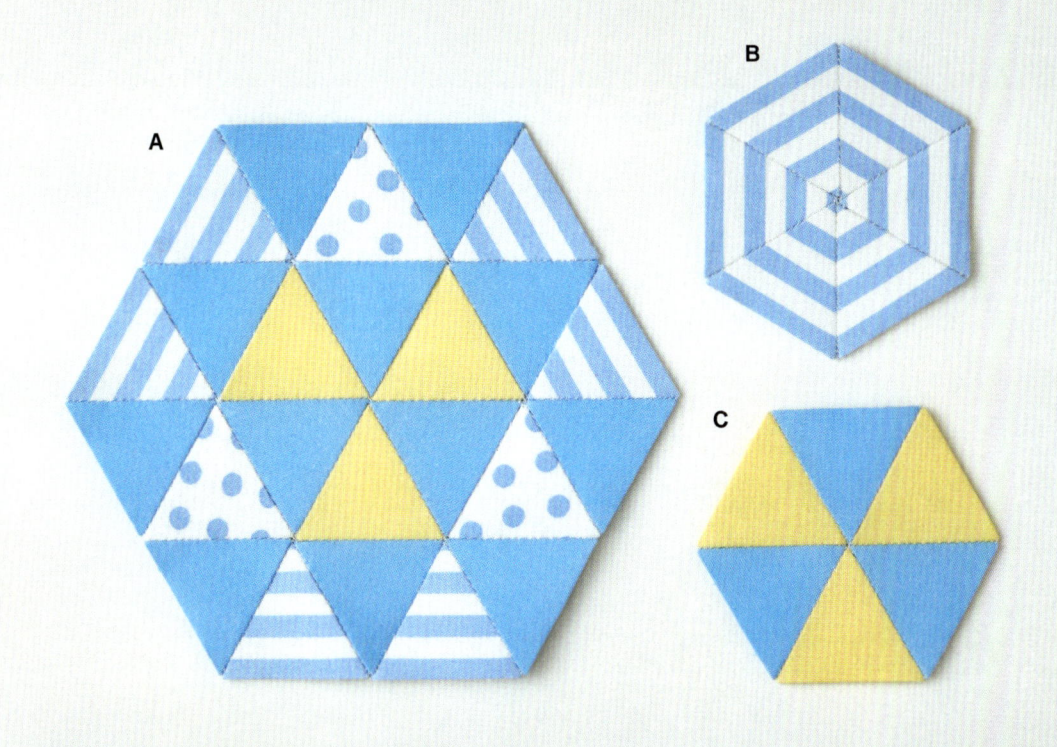

A：24枚の正三角形で構成された正六角形は、配色のバリエーションが楽しめます。中心はCのパターンです。
中心のCとドットの布、逆向きにCと水色の布など内側に三角形を見ることもできます。
B：正三角形ピースを横ストライプで柄合わせするとスパイダーウェブ（くもの巣）模様になります。
C：正六角形に3本の対角線を引くと正三角形が6枚。Bとは逆の考え方です。正三角形のピースを青と黄の反対色で
交互に配色しました。

六角形を分割するデザインバリエーションのタペストリー

正六角形の頂点や辺を結んでできた30の幾何学図形（パターン）のタペストリー。黄・青・グレー・白の4配色のパターンは、間にラティスがないので隣り合うパターンと色の同じ部分が溶け合って新たなピースや図形が見えてきます。デザインの原型になる白の正六角形2つが、複雑でおもしろいグラフィックアート的な中でアクセントとなっています。キルティングはオールオーバーキルトで六角形の頂点に合わせて縦と斜めに入れ、一つの正六角形の中を24の正三角形に分割しました。

制作：内山久美子　*How to make* ▶ 152page

六角形を分割する
デザイン
バリエーション

六角形の中を分割していろいろな形を作ります。トラディショナルパターンの「ベビーブロック」もこの分割でできるパターンです。自分のオリジナルの形を作ってみてください。

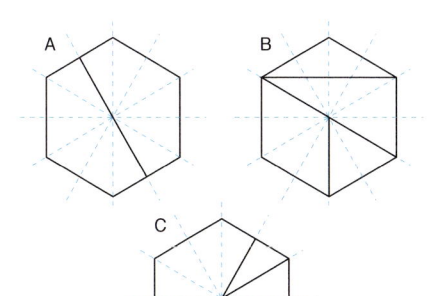

A：辺の中心同士を結んだ左右対称のシンプルなパターン。2段目は1段目を左右反転させました。同じ色同士のつながりで新たにできた形がユーモラスです。

B：二等辺三角形、直角三角形、ひし形、正三角形の4つの図形が集まったパターンは、同じ方向でセッティングして規則正しく。直角三角形とひし形は同じ面積ですが、寒色の青は収縮色で暖色の赤は膨張色なので直角三角形の方が広く見えます。

C：小さな直角三角形はプロペラのようなイメージです。中心の点で回転させてもぴったりと重なる点対象のパターンです。

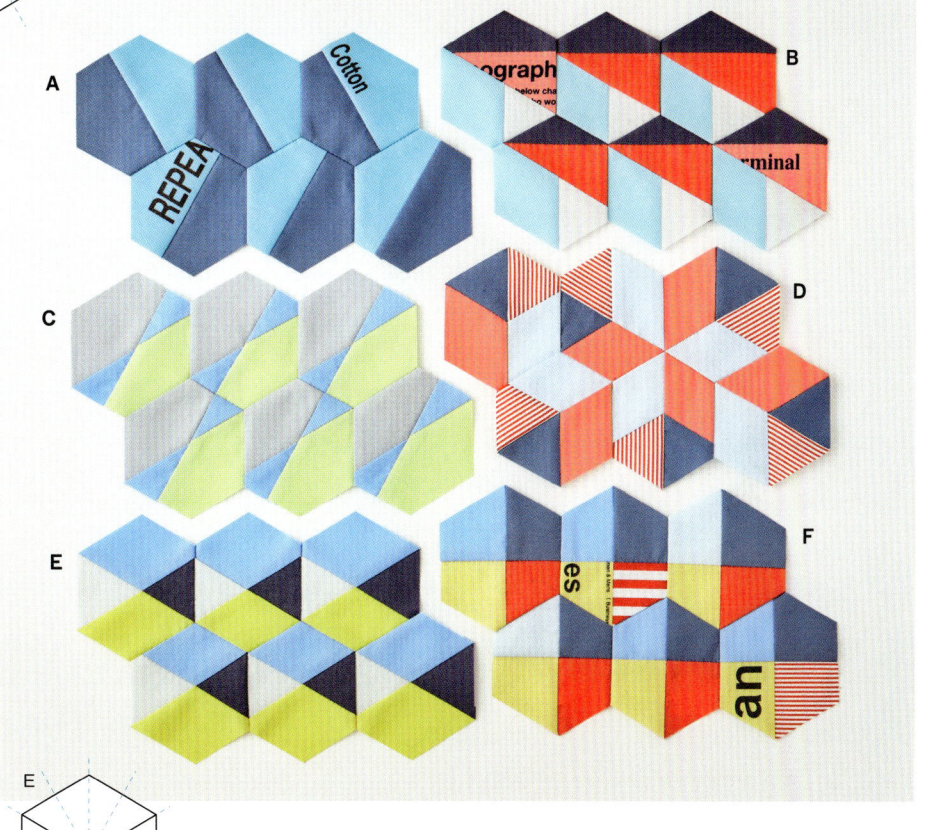

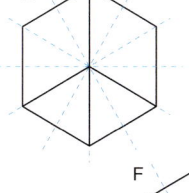

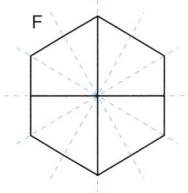

D：ひし形2つと正三角形2つを合わせたパターンはいろいろな向きにセッティングしました。隣り合う色の重なりで新たな図形ができたり、躍動感が出ます。

E：ひし形2つと正三角形2つでできたパターンで、同じ向きにセッティングしました。ひし形は青と黄の反対色、正三角形はグレーと紺の濃淡で配色。

F：頂点同士と辺の中心を結んだシンプルなパターンです。赤、青、黄をベースにしたマルチ配色に、英字やストライプをアクセントにしました。

おばあちゃんの花園のパターンをヘキサゴンフラワーと呼んでいます。六角形のピースをつないだアルファベットにヘキサゴンフラワーを組み合わせたパターンです。欧文書体は、線の端にひげ飾りがある古典的な書体のセリフ体とひげ飾りがないすっきりした書体のサンセリフ体に大きく分類されます。六角形の頂点を上にしてアルファベットをデザインすると、線の先が飾りのあるセリフ体のようになるので花をプラスして古典的な装飾アルファベットにしました。

アルファベット A と B のクッション

ヘキサゴンフラワーがアクセントのアルファベットのクッションです。クッション
本体の六角つなぎを「A」はドット模様、「B」はストライプ模様に配色しました。六角
形はペーパーライナーでつなぎました。六角形に沿って内側にハンドキルティング
をし、やさしいふんわり感を出しています。

How to make ▶ *149page*

イヌのアップリケのミニバッグ

麻布に無彩色のイヌをアップリケしたミニバッグです。耳としっぽの黒白ストライプと首輪のピンクがアクセントとなっています。鼻の頭と首と足はそれぞれのパーツだとわかればOKなので、各1ピースでデザインしています。大きな鼻の頭と耳、短い足のバランスがチャーミングです。

How to make ▶ *154page*

六角形で作るオリジナルキャラクター

ヘキサゴンの頂点を上にするか、辺を上にするかでつなぎ方が変わり、見えてくる形も変わってきます。
それぞれの特徴をいかしてデザインします。

アヒル

ウマ

ライオン

ゾウ

ワニ

ヘビ

ネコ

動物

動物たちは頂点を上にしたほうが足や耳のバランスに安定感があります。全体が思い描く形にならない場合も、それがユーモラスな楽しいデザインにつながるので、ぬりえ感覚で動物の形を見つけてみてください。

バレリーナ　　辺を上にしたデザイン

六角形の辺を上にするとバレエではなくダンスを楽しく踊るポーズのようなデザインになります。頂点を上にした場合は髪型もドレスも異なるバランスになり、クラシックチュチュの水平に広がるデザインではなくギャザーいっぱいのボリュームのあるチュチュになります。
左：カジュアルドレスでバレエのポーズ。　　右：ギャザーいっぱいのドレスでバレエのポーズ。

頂点を上にしたデザイン

鋭角が上だとバレエらしいポーズができます。水平に広がる丈の短いクラッシックチュチュのドレスになります。
左：黒鳥のイメージで配色したクラシックチュチュ。足のポーズは頂点を上にすると斜めになる特徴をいかして交差させました。
右：片方の足で立ち、もう一方の足を横に伸ばす「アラベスク」のポーズからデザイン。立っているほうの足が斜めにつながるので飛んでいるポーズのように見え、躍動感が出ます。

六角形のバケツ型バッグ

スクラップ配色（はぎれなどさまざまな布を使った配色）のバケツ型バッグです。六角形はペーパーライナーを使用して縫い合わせています。ペーパーライナーは縫い代が折り込まれるのでセッティングの際に出来上がりのイメージがしやすくなるという利点があります。橙の同系色の中に対照色の青をアクセントにし、たくさんの布の種類を使っても同系色でまとまっているので安定感があります。キルティングはピースの辺に沿ってジグザグに入れました。

How to make ▶ 156page

chapter.
5
丸とカーブのアイデア

カーブと聞いて自由な線を思い描くかもしれませんが、格子の規則性に乗っ取ったカーブや円のデザインです。コンパスを使って格子に沿って描き、主に円、半円、1/4の形でできています。トラディショナルキルトには「スプール」「シェル」「オレンジピール」などのカーブの一部分だけを使うものもあります。

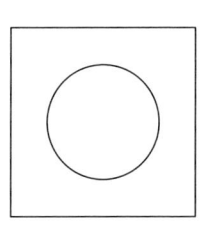 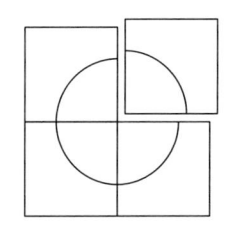

アップリケ　　　　1/4円をピーシング

円を作るには「アップリケ」と「ピーシング」の
2種類の方法があります。
ピーシングの場合は、1/4円を
どのように組み合わせるかで
バリエーションが作れます。

ドットアップリケのペタンコバッグ

ドットプリントのように丸をいっぱいアップリケしたペタンコバッグです。麻布の本体に無彩色のアップリケを組み合わせ、中袋も黒にしたのでモダンな印象です。黒の無地だけでなくプリントを入れたのがポイントです。持ち手は使い勝手のいい手提げとショルダーのダブルハンドルです。

How to make ▶ *155page*

丸の縫い方

デザインと配色に合わせてアップリケかピーシングのどちらかを選びます。

土台布

アップリケ

アップリケ

土台布に円をアップリケします。アップリケ布は一枚布でも、右のように接ぎ合わせても自由にデザインできます。ドットのように並べるにはアップリケの方がむいています。

ピーシング

1/4円をピーシングして円にします。土台布の配色を変えたり、円の大きさに変化をつけたい場合はピーシングで作ります。

アップリケ

型紙

土台布

アップリケ布

1 土台布、縫い代をつけたアップリケ布、厚紙の型紙を用意します。

2 アップリケ布の周囲をぐし縫いし、最初と最後の縫い目は2目重ねて縫います。裏に型紙を重ねてぐし縫いを引き絞ります。

3 ぎゅっと引き絞ったまま縫い代をアイロンで押さえて形をつけます。

4 型紙を取り出して再度アイロンで押さえて形を整えます。

5 土台布に合わせてずれないようにしつけをかけます。まち針で止めるだけでも大丈夫ですが、しつけのほうがよりきれいにできます。周囲を奥たてまつりでまつります。

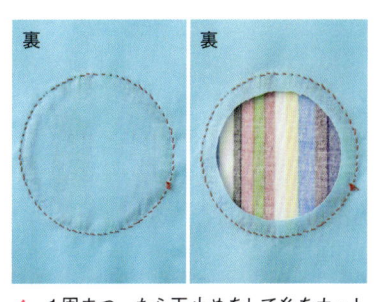

6 1周まつったら玉止めをして糸をカットし、しつけをはずします。アップリケの大きさや作品によって、アップリケの裏の土台布をくり抜きます。キルト綿をはさむ作品の場合は、土台布をくり抜くことによってアップリケがふわっとして見えます。

カーブの縫い方

ピーシングで作るカーブのパターンは、自由な向きにカーブを作れるのが魅力です。凸凹のカーブのピース同士を縫い合わせるので、合印をしっかり合わせて縫います。

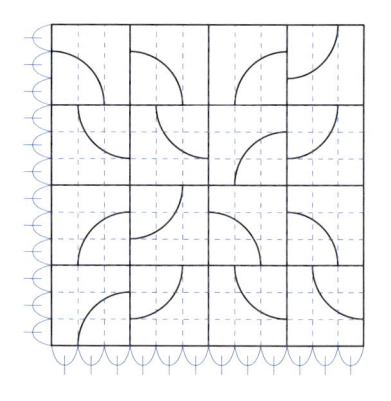

【酔いどれの小道】

酔っ払いが千鳥足でヨロヨロしながら歩く様子をデザインしたトラディショナルパターンです。暖かさを感じさせる暖色系のピンクと、寒さを感じさせる寒色系の青を交互に配色して、パターンの形だけでなく色でも酔っ払いがヨロヨロと歩く感じを表現しました。

1/4円の縫い方

1 縫い代をつけてピースをカットします。凸と凹のカーブにはそれぞれ中心とその間に合印をつけておきます。

2 凸のピースを手前にして中表に合わせ、端と中心を合印を合わせてまち針で止め、さらにその間も細かくまち針で止めます。布端同士が真っ直ぐに合わさるように注意します。

3 布端から返し縫いをしてぐし縫いで縫います。表と裏の縫い線の印を確認しながら縫います。中心の合印で返し縫いをして針を休めます。

4 残りも端と合印を合わせ、その間もまち針で止めます。同様に布端まで縫い、最後は返し縫いをして玉止めをします。

5 縫い代を凸のカーブ側に倒し、アイロンで押さえて整えます。これで円側が浮き上がって見えます。

6 これを4枚作って縫い合わせれば円になります。

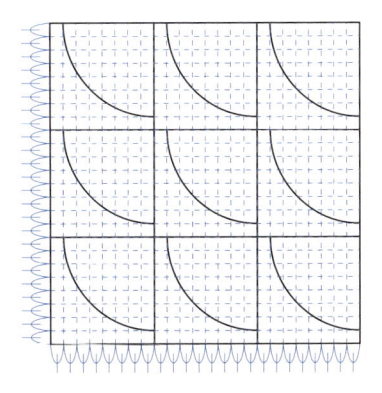

【雪のついた窓】

1/4円のサイズはイメージする作品に合わせて辺の分割を変えることができます。円のサイズを大きくするとコーナーの雪は少しになり、小さくするとコーナーの雪がいっぱいでふぶいてるイメージになります。キャラクタープリントを使って窓から見える家の中の様子で遊びました。

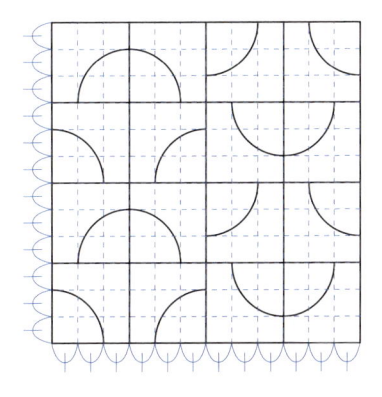

【マッシュルーム】

マッシュルームは中心から線で対称となるパターンです。食べるとおいしいキノコですが、絵本に出てくるような毒キノコのイメージでカラフルなドットプリントで配色しました。このように具象的なパターンの場合は同じ布を使うことが多いので、布の柄が途切れないようにストライプやドットを柄合わせします。

分割を変えると どう見えるか

1/4円は凸と凹の分割を変えることができます。分割を変えると見えるイメージも変わるので、自分の描きたいものに合わせた分割を考えてみましょう。

1/4円の分割　凹：凸

 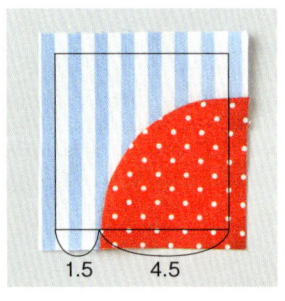 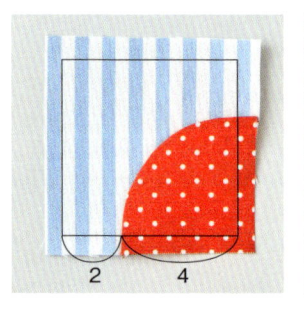 

1：5
円部分が大きくなり、インパクトがあります。

1：3
まだ円の比率が大きい印象ですが、それぞれの面積で考えると同じくらいに見えます。

1：2
「酔いどれの小道」「マッシュルーム」はこの分割です。

1：1
かなり円が小さくなり、円以外のスペースに目がいきます。

鳩のパターンで考える

 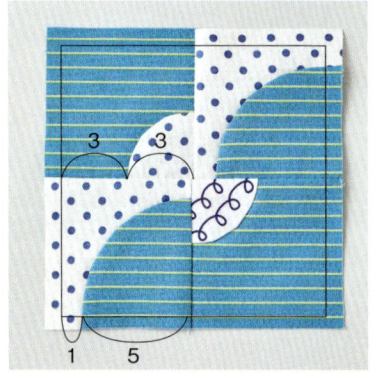 

すべて同じ分割
胴、羽、尾のすべてが同じ分割です。丸い胴と羽の比率がハトらしく見えます。

胴・尾と羽で異なる分割A
胴と尾は1：1、羽は1：5の分割です。胴と尾が小さく、羽が長く見えるので遠くにいるカモメのように見えます。

胴・尾と羽で異なる分割B
胴と尾は1：1、羽は1：3の分割です。胴と尾が小さく、羽が長く見えるので同じくカモメに見えますが左とは距離感が違います。

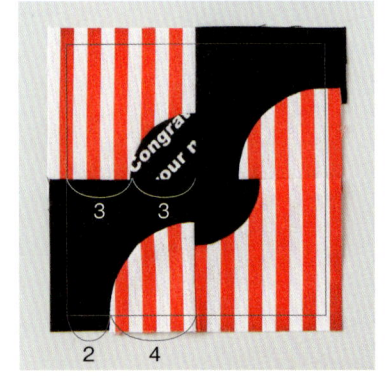 

胴・尾と羽で異なる分割C
胴と尾は1：1、羽は1：2の分割です。胴と尾はカモメと同じ比率ですが、羽の分割が違うのでコウモリくらいのサイズ感に見えます。コウモリ部分を黒にしたパターンと、赤、青、黄、緑のマルチ配色にしたパターンでもサイズ感や印象が変わります。

直線と曲線、組み合わせのパターン

四角や三角とカーブを組み合わせると、表現の幅が広がります。特に具象的なものを描くときに便利です。

【鳥】

9格子がベースのデザインです。頭と胴はカーブ、くちばしと脚は体とのバランスを考えて比率を変えています。9格子がベースなので一部を異なった比率にしても統一された安定感があります。

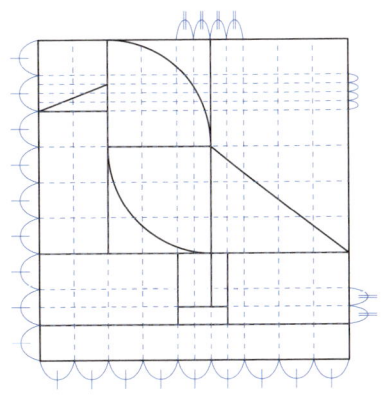

【チューリップ】

6格子がベースの中心線から対称のデザインです。花びら部分を1/4円の形の組み合わせにしてチューリップらしさを出しました。茎と葉はバランスを考えて比率を変えてます。

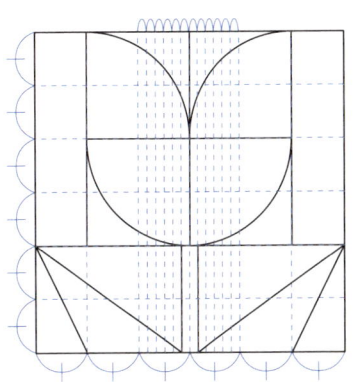

【2本のサークルフラワー】

12格子がベースのデザインです。1/4円を組み合わせた正円の花は、花びらも花芯もアップリケで、花以外はピーシングです。花芯と茎はバランスを考えて比率を変えています。

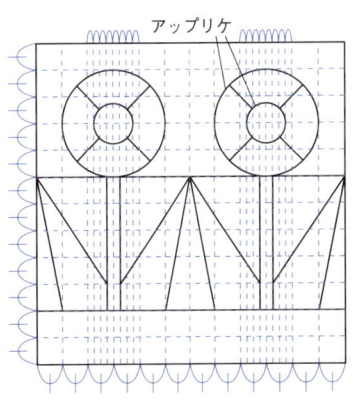

配色バリエーションのタペストリー

1/4円を組み合わせたタペストリー。無地をメインにストライプでアクセントをつけた配色です。1/4円を4つ組み合わせたチューリップやアヒルの顔、2つ組み合わせた小鳥は具象パターンです。その間に2つを組み合わせた1/2円と4つ組み合わせた正円などの抽象パターンを配置しました。どこで区切ってどのように形をとらえるか、見方は人それぞれで楽しさがあります。

How to make ▶ *158page*

chapter.
6

身の回りのパッチワークデザイン

トラディショナルパターンの幾何学模様は、生活用具、政治、職業、植物、動物、太陽や星、自然、宗教、哲学、感情、人名や地名など、身の回りにあるものや日常の出来事など、ありとあらゆるものがパターンになりました。同様に日本には伝統的な文様や家紋など、デザイン性の高い幾何学模様があります。この章では、日本の伝統文様とトラディショナルパターンの類似、直線で構成されている床や壁模様、柵の格子、数学、デジタル時代ならではのピクセルアート（ドット絵）、身の回りにあるものから取り入れたり、アレンジしたパターンを紹介します。身の回りのものを見て「パターンにしたらおもしろい」と思うように、デザインは気づきが大切です。

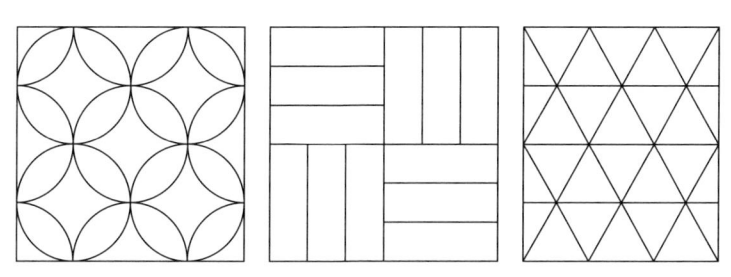

身の回りには模様があふれています。
マンホール、柵、窓など見慣れているものから
デザインを見つけ出しましょう。

伝統文様「三崩し」のティーマット

三崩しは計算用具の算木を崩した形で、3本ずつ縦横に石畳のように並べた文様です。パッチワークのトラディショナルパターンのバスケットの編み目模様やレールフェンスのパターンとデザインが同じです。下は同じ形のくり返し、上は大小の組み合わせのデザインです。シンプルなデザインですが、ストライプを入れることで分割が増えたように見えて複雑さが出ます。

How to make ▶ *159page*

日本の伝統文様とトラディショナルパターン

日本には古くからの伝統文様が現代の生活の中にも登場しています。パッチワークのトラディショナルパターンと日本の伝統文様の形が似ていて、捉え方が同じなのがおもしろいところです。どちらも身の回りにあるものからデザインされてます。

似ている トラディショナル パターンと 伝統文様

トラディショナルパターンも伝統文様も、高いデザイン性と意味を持つ幾何学模様です。

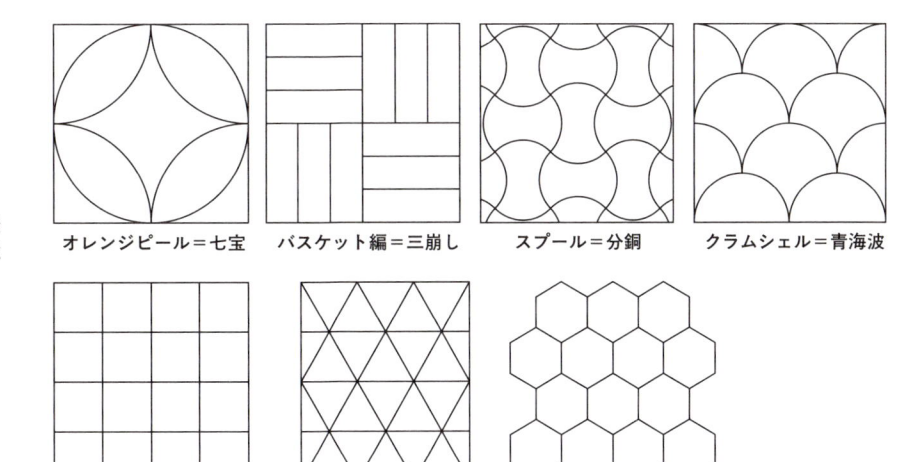

オレンジピール＝七宝　　バスケット編＝三崩し　　スプール＝分銅　　クラムシェル＝青海波

チェッカーボード＝市松　サウザンドピラミッズ＝鱗　ハニカム＝亀甲

オレンジピールと七宝

オレンジピールはオレンジの皮という意味で、19世紀初め頃に登場したパターンです。七宝は四方に広がるという意味の「四方」から仏教の七宝に転じたといわれてます。別名は輪違い文様。オレンジピールと七宝のデザインは、円を円周の1/4ずつ重ねた形です。メロン・パッチも同様ですが、ピースの合わせ方が違います。

オレンジピール

七宝

メロン・パッチ

スプールと分銅

銀行の地図記号は分銅で、江戸時代の両替商の看板にも使われてます。この形のルーツは金や銀の重さを量るおもりの形です。スプールは糸巻き、スプールと分銅の用途は違いますが形は同じです。

【クラムシェルと青海波】

円の一部が重なり合って扇状の形ができる青海波とクラムシェルの形は似ています。青海波は波、クラムシェルは貝でどちらも海つながりのパターンです。青海波の柄の発祥はペルシャで、シルクロードを経て中国から日本に伝わったのが飛鳥時代とされてます。穏やかな波が続いてる様子が文様となっています。

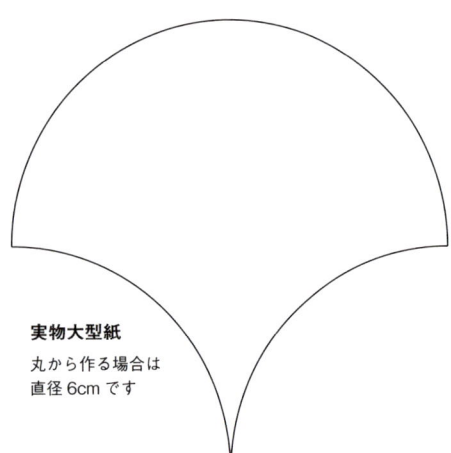

実物大型紙
丸から作る場合は
直径6cm です

クラムシェルの縫い方

土台布にクラムシェルの形をまつる方法と、円形を重ねてまつる方法の２種類があります。

クラムシェルの形から作る

1 クラムシェルの大きさに合わせて格子を引いた土台布、縫い代をつけてカットした1段目のピースとクラムシェルのピースを必要枚数、厚紙の型紙を用意します。

2 1段目のピースを帯状に縫い合わせます。

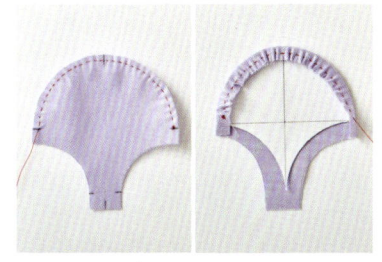

3 2段目以降のクラムシェルのピースのカーブを印から印までぐし縫いし、型紙を入れて引き絞ります。

4 土台布の1段目に2の帯を重ね、しつけをかけて縫い止めます。

5 土台布の格子に合わせて2段目のクラムシェルを重ね、しつけで仮止めします。

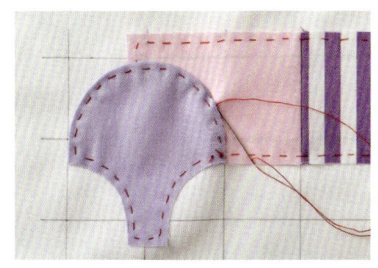

6 上のカーブ部分を奥たてまつりでまつります。

7 隣に2枚目、3枚目も合わせて同様にまつります。

8 2段目がまつれたら3段目も同様にまつります。

9 このようにして必要枚数をまつり、最後にしつけをはずせば完成です。

丸から作る

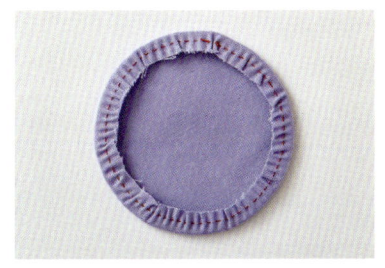

1 67ページを参照して丸を作ります。

2 「クラムシェルの形から作る」の1段目までは同じです。2段目以降はクラムシェルの形ではなく丸をまつります。

3 重ねてまつるのは同じですが、丸の方が形を作るのと重ねるのが簡単です。

日本の
町家格子を
パターン化する

昔ながらの日本家屋の建具のデザインに注目しました。高温多湿の日本は、採光や通気のよい縦横に木を組み合わせた建具で空間を仕切っていました。シンプルな縦横の組み合わせですが、京都の町家格子は職業別に機能性や用途に合わせてデザインされてます。代表的な4種類の格子と障子をベースにデザインしました。

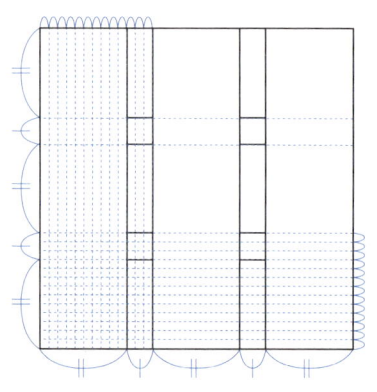

【炭屋格子】

平らな板で作られ、炭の粉が飛ばないように板の隙間が狭いすのこのような格子。炭を扱っているので幅広い板は黒、横桟は赤、狭い隙間は家の中の灯りのイメージで黄色に配色しました。

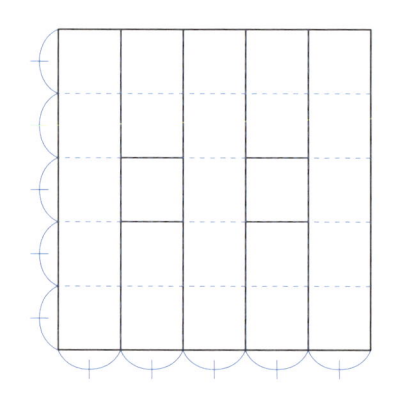

【米屋格子と酒屋格子】

米屋格子と酒屋格子は似たデザインで、共に幅のある頑丈な格子。酒屋格子にはベンガラ塗り（鉄が赤くさびたような色の顔料を塗る）が多く使われていたので、赤と橙の隣接色で配色しました。

【糸屋格子】

糸の色の違いを判別するために上の部分をあけて光が入りやすいようにした細かい格子。細いストライプを明るい色で配色して、糸屋格子の雰囲気を出しました。

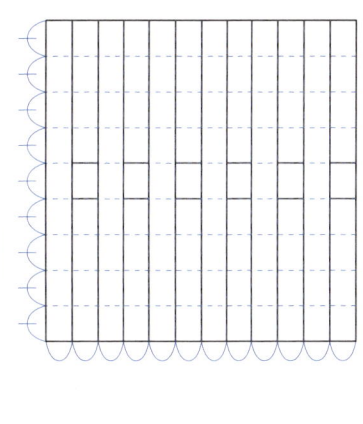

【木連れ格子（升格子）】

碁盤の格子、正方形のマス目でできている格子です。縦横の格子のみ（吹き抜け格子）で間に何も入らないものと薄い板がつくものがあります。大きく誇張した格子のデザインを際立たせるために、正方形のマス目にはいろいろな生地を使ってスクラップの配色にしました。

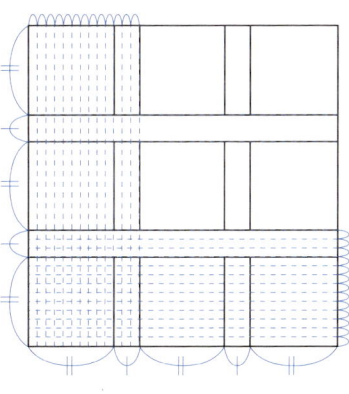

【障子】

格子には横の桟が多い横繁障子、間隔が広く一般的な荒間障子、縦の桟が多い縦繁格子があります。ここでは縦に長く障子全体がスマートに見える縦繁障子を選び、縦の桟は布合わせの接ぎ目で表現して横の桟を強調したデザインにしました。障子紙は白に英文字とブルーの清涼感のある生地で配色しました。

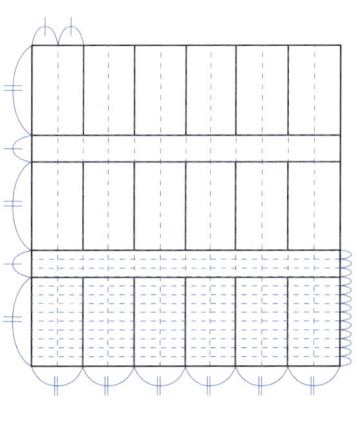

タイルや床の模様

インテリアの印象を左右する床や壁の模様、多くの人が利用する公道や広場の模様に注目してみてください。シンプルな市松模様も正方形に敷いたり、ひし形（ダイヤモンド）に敷いたり、並べる角度によってイメージは変わります。三角形、四角形、正六角形、正方形を対角に分割した直角二等辺三角形やひし形など、同じ図形がくり返されて整然と並んでいる姿はシンプルで美しいものです。シンプルなデザインはサイズで印象が変わります。作品作りは最初のサイズ選びが大切です。

床の模様とパッチワークパターン

A：正三角形の組み合わせは「サウザンドピラミッズ」。　　**B**：直角二等辺三角形の組み合わせは「永遠の木」。

C：正方形は「チェッカーボード」。

D：ひし形3枚で構成された正六角形は「ベビーブロック（パンドラの箱）」。　3色の明度差や彩度差で立体感を出します。

E：ひし形4枚で構成されたアーガイル模様。四角や三角と組み合わせれば、「シュガーローフ」や「東方の星」のパターンにもなります。

F：六角形7枚で構成された「ヘキサゴンフラワー」。　　**G**：六角形のワンパッチは、ストライプ模様が描けます。

六角形の
デザインバリエーション

同じサイズの正六角形を組み合わせてモチーフをデザインしました。白と紺の2色でたくさんの模様ができます。ここでは1辺1cmの小さな六角形を使いましたが、六角形のサイズでも印象が変わります。またいくつかのネガポジの配色例のように、配色によっても大きく印象が変わります。

A：花　B：テトラポットのような三角形のネガポジ
C：四角　D：ドット　E：ダイヤモンドフィールドのネガポジ
F：ひし形　G：ジグザグ　H：雪の結晶　I：ダイヤモンドフィールド＋ヘキサゴン

オクタゴンのバッグ

八角形とひし形を組み合わせた模様は、床やタイルでよく見かけます。多くは白に黒か紺をアクセントにした配色になります。トラディショナルパターンではオクタゴンというパターンになります。バッグの全面にパターンを配置し、底の角は八角形の形をそのままいかしました。八角形はプリント、ひし形は白で統一してリズム感のある元気な配色です。

How to make ▶ 160page

八角形の
デザインバリエーション

八角形をつなぐと間に必ずひし形ができます。八角形とひし形のサイズの関係を考えてみましょう。つながって大きなデザインになったときの見え方が違ってきます。

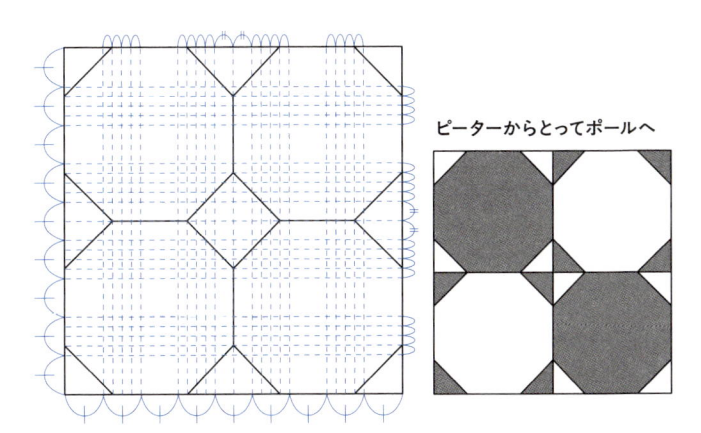

ピーターからとってポールへ

82ページのバッグに使ったオクタゴンのデザインです。正方形を分割して角を結んで八角形を描いています。八角形は上下左右の4辺の長さが同じ、ひし形は対角線の4辺の長さが同じです。配色をネガポジにすると「ピーターからとってポールへ」というトラディショナルパターンになります。

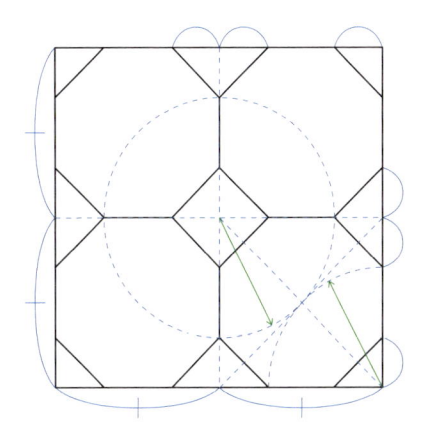

8辺がすべて等しい八角形です。描き方は、正方形に対角線を描きます。次に角と交点を中心とした円をそれぞれ描きます。円の弧と正方形の交点を結べば正八角形の完成です。左のオクタゴンのバッグのパターンと同じに見えますが、よく見ると八角形のバランスが違うのがわかります。

八角形とひし形のサイズの関係

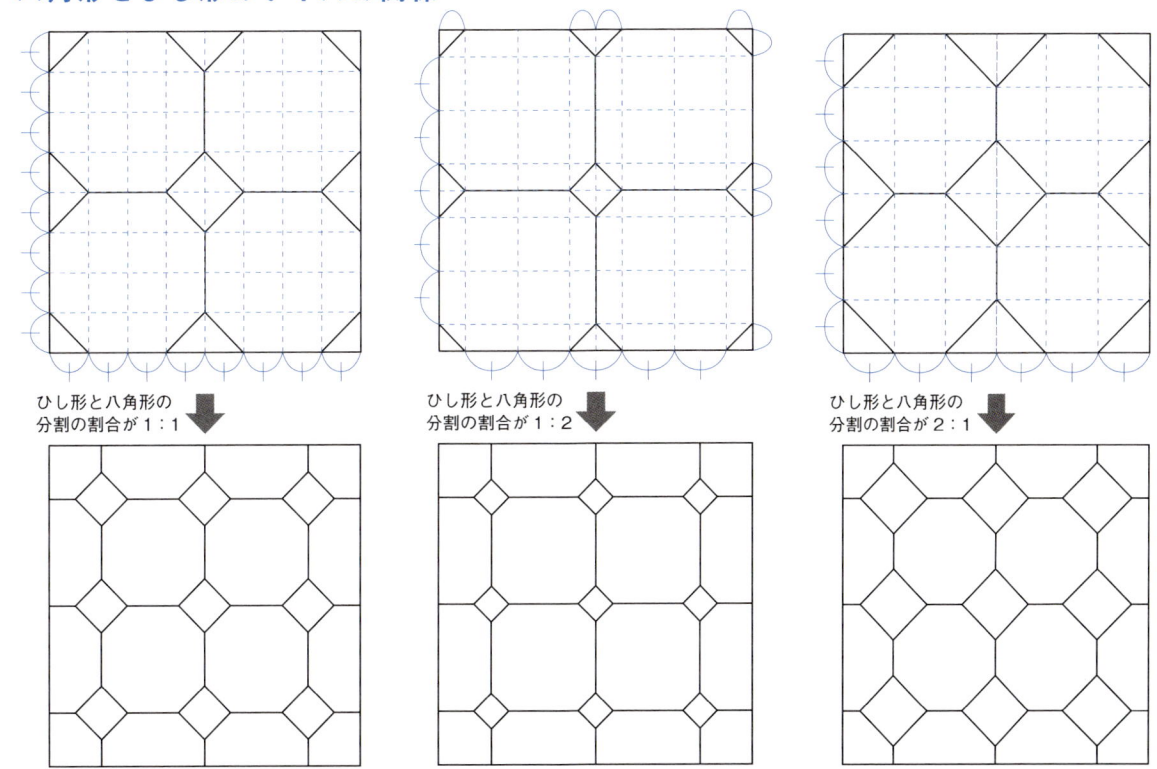

八角形と間のひし形の比率を変えた3種類のデザインを比べてみます。床のデザインには「オクタゴンドット」というかわいい名前のついたデザインがあります。デザイン一つだけを見るのではなく、つながったときの印象も考えてデザインをします。上は八角形とひし形の比率の変化、下は上のデザインがつながったときの見え方です。八角形が大きくなるとひし形は小さくなり、八角形が小さくなるとひし形が大きくなります。つながるとひし形部分が大きいと華やかな印象です。

モザイク床の
デザインを
パターンにする

木片が合わさって作られた床の寄せ木張りを「モザイクパーケット」といいます。パーツの組み合わせなので、パッチワークのパターンに応用しやすいデザインです。パターンを無地とプリントで配色しました。

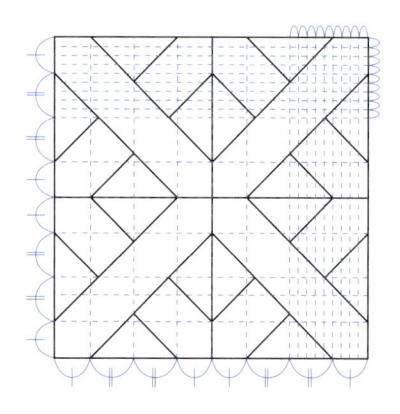

グレー系とグレイッシュピンクの無地の濃淡で配色。クロス部分を目立たせ、かつ上下のクロスで差をつけて立体感が出るようにします。分割は細かくなりますが、方眼紙などを使うと簡単に描けます。

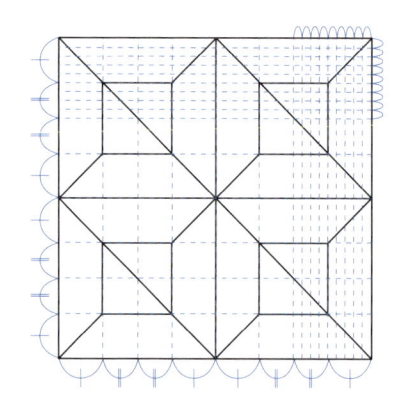

プリントを使って昭和レトロなイメージで配色。プリントの葉っぱと花は柄合わせをしています。くり返しパターンの規則正しさがより強調されて美しく見えます。パターンサイズで見て美しいものが、大きなサイズでも効果的とは限りません。作りたいサイズによって考えてみることが大事です。

ウォーターカラー風のペタンコバッグ

ウォーターカラーキルトのように配色をして麻と組み合わせたドット絵（86ページ参照）のバッグです。ウォーターカラーキルトとは、正方形のピースをつないで水彩画のように表現したキルトのこと。花柄プリントをメインに生地の濃淡を利用します。この作品ではプリントと無地を組み合わせ、無地の濃淡で水彩画のようにグラデーションを作りました。ウォーターカラーキルトとドット絵を組み合わせたような配色です。

How to make ▶ 162page

ドット絵を描く

ドット絵の「ドット」は水玉模様という意味ではありません。コンピューター上の四角いマス目（ドット）で表現された絵のことで、ピクセルアートともいいます。コンピューターゲームが登場した時代のカクカクした絵には、素朴で独特の魅力があります。デザインはトラディショナルパターンの格子の考え方と似ています。

マス目で配色する

木とベースの空を1マスずつ配色することで、濃淡によって立体感が出ます。

花びらは1マスずつの配色で深みが出ます。背景や茎は同じ色にしたので2マスや3マスをまとめて1枚の布でカットします。

アヒルはマス目配色の濃淡で立体感を出します。毛並みの濃淡に近づけるとよりイメージができます。

分割で配色する

同じ色は分割のマス目にせず1枚にしました。異なる横長のパーツをグラデーションに配色することで段々になり、おもしろさが出ます。

同じ色は1枚の布にしているので面積が大きくなり、シンプルな配色になります。

ドット絵の動物たち

特徴を凝縮したドット絵の動物たちです。5×5のマス目の少ないドットで描かれた動物たちは、全身と頭だけの2タイプのデザイン。全身は限られたマス目の数なのでパズルのようなおもしろさがあります。

頭だけのドット絵

正面を向いた左右対称のデザインですが、ウマはたてがみ、ワニには口という特徴があるので横向きポーズです。

ワニ　　　ウサギ　　　パンダ

ネコ　　　ウマ

全身のドット絵

体の大きなキリンとライオンは目をなしにし、横向きは目を一つにしたデザイン。

イヌ　　　キリン　　　ライオン

カメ　　　アヒル　　　ペンギン

ドット絵と サイズの関係

コンピューターでは可能な限りの低い解像度（画像を作る格子の細かさ）で表現された絵を「粗ドット」といいます。低い解像度＝少ないマス数、コンピューター初期の単純化されたドット絵のイメージです。デザインは1cm方眼紙に描きたいサイズの枠を描き、イメージする形の配色を考えながらマス目を塗り潰します。そのときパッチワークの分割同様、マス目が合わさったピースの大きさや縫いやすいサイズを考えながらデザインします。

ライオンのパターンで
マス目のサイズは同じで数が異なるデザイン3種

4×4のマス目は顔だけのドット絵です。特徴を単純に表現できます。

5×5のマス目は、87ページの動物たちと同じサイズです。バリエーションが豊富にデザインできます。

6×6のマス目は、マス目が増えたのでライオンの体全体がデザインできます。

アヒルのパターンで
マス目の数は同じでサイズが異なるデザイン3種

一つのマス目サイズが1.5×1.5cmです。87ページの動物たちはこのサイズでデザインしました。89ページのように、Tシャツにワンポイントとしてつけられるかわいいサイズです。

一つのマス目サイズが2×2cmです。いろいろな小物のワンポイントに使えるサイズです。

一つのマス目サイズが2.5×2.5cmです。大きなマス目にしてベビーキルトのパターンなどにも使えます。このように作りたいパターンサイズに合わせてマス目サイズを考えます。

ドット絵がポイントの
子供Tシャツ

ドット絵をTシャツにアップリケしました。紺のTシャツはネズミの顔、白のTシャツはしましまのキリンです。Tシャツの胸ポケットの位置にアップリケするならこのくらいの7.5cm×7.5cmがちょうどいいサイズです。

参考作品

偶数の和と奇数の和のマット
偶数の和と奇数の和の公式をパターンにしたコースターは、変形ログキャビンようになります。グラデーションの配色とキルティングのマス目が、増えていく個数を表しています。
How to make ▶ 163page

90

数学から模様を考える

計算やくり返し模様と関連のある数学の法則は、分割から考えるパッチワークパターンに取り入れやすいデザインです。法則名だけ聞くと馴染みがありませんが、図形を見ると模様として理解できます。数学の公式や計算はありますが、法則のおもしろさを図形としてデザインに取り入れることができるということを楽しんでください。

偶数の和

偶数の和とは偶数を足したときの公式です。偶数は2nと表されるので（nは何番目かということ）、公式は2から2nまでの偶数の和＝$n(n+1)$となります。90ページの上の作品では2、4、6、8、10を並べていくとミニマットのように長方形になり、グリッド（格子）のキルティングが数を表しています。5番目×（5番目＋1）なので、30分割になります。

奇数の和

奇数の和とは、奇数を足したときの公式です。奇数は$2n-1$と表されるので（nは何番目かということ）、公式は1から$(2n-1)$までの奇数の和＝nの2乗になります。実際に90ページの下の作品で見てみると1、3、5、7、9を並べていくとミニマットのように正方形になり、グリッド（格子）のキルティングが数を表しています。5番目の2乗は25なので、25分割（面積）になります。

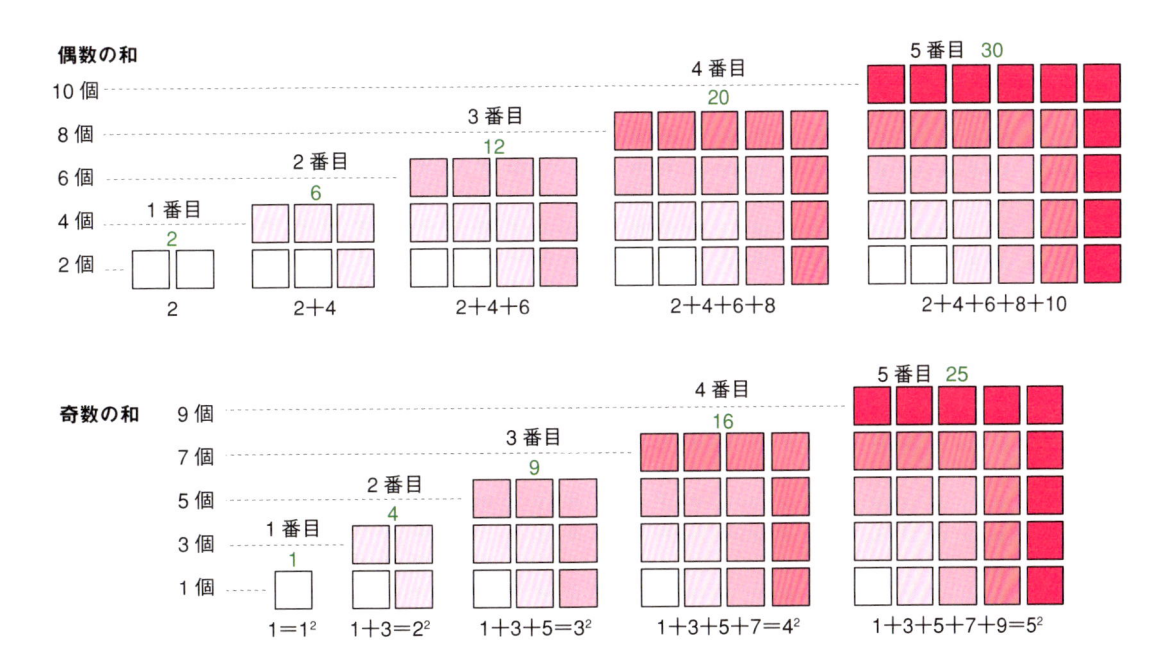

偶数の和

2 ／ 2+4 ／ 2+4+6 ／ 2+4+6+8 ／ 2+4+6+8+10

奇数の和

$1=1^2$ ／ $1+3=2^2$ ／ $1+3+5=3^2$ ／ $1+3+5+7=4^2$ ／ $1+3+5+7+9=5^2$

等差数列の和

等差数列とは、同じ数ずつ増えていく（または減っていく）数列のことです。例えば、4、7、10、13、16は3ずつ階段状に増えていきます。公式は（最初＋最後）×1/2nです。4、7、10、13、16の最初は「4」、最後は「16」、nの個数（何番）は「5」なので50になります。たくさんの数を計算するときに便利な公式です。作品は94ページに掲載しています。

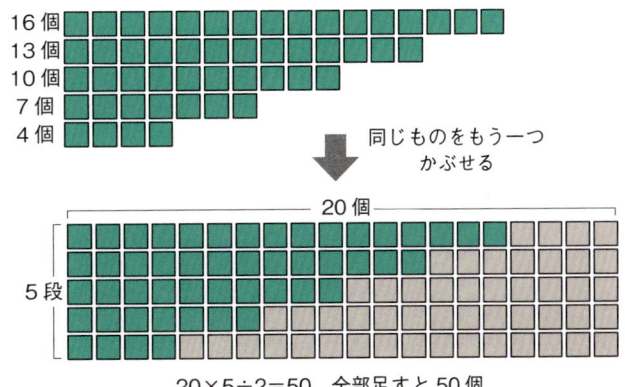

同じものをもう一つかぶせる

$20×5÷2=50$　全部足すと50個

シェルビンスキーのカーペット

正方形を9分割し、中心の正方形を取り除くという作業を無限にくり返すことによってできる図形のこと。くり返すにつれて分割がどんどん小さくなり、模様が複雑になります。

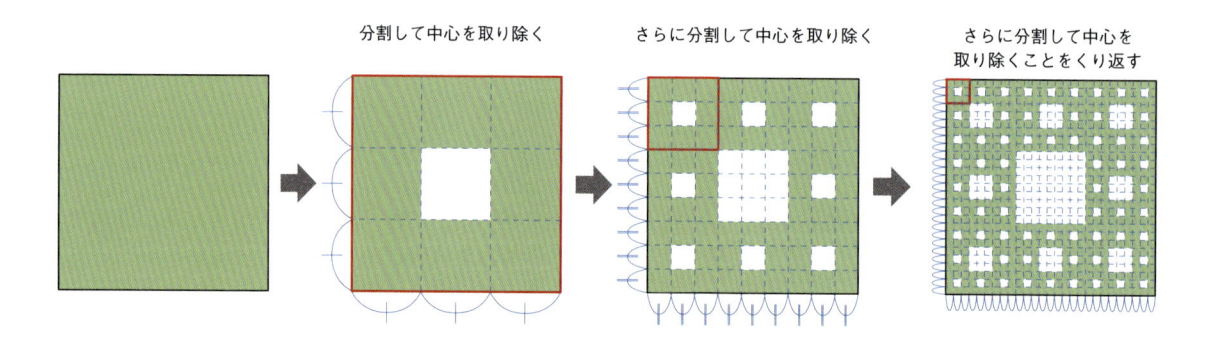

分割して中心を取り除く　　さらに分割して中心を取り除く　　さらに分割して中心を取り除くことをくり返す

シェルビンスキーのカーペットの
クッション

プリントと無地で配色しました。中心の取り除く正方形はベースが白のプリントを使用して、無地だけの中に動きを取り入れました。キルティングは理論とは関係なく、四角に沿って格子状に入れています。

How to make ▶ *164page*

シェルビンスキーのギャスケット

正三角形を4分割し、中心の正三角形を取り除く作業を無限にくり返すことによってできる図形のこと。92ページのカーペットと同じで、くり返すにつれて分割がどんどん小さくなり、模様が複雑になります。

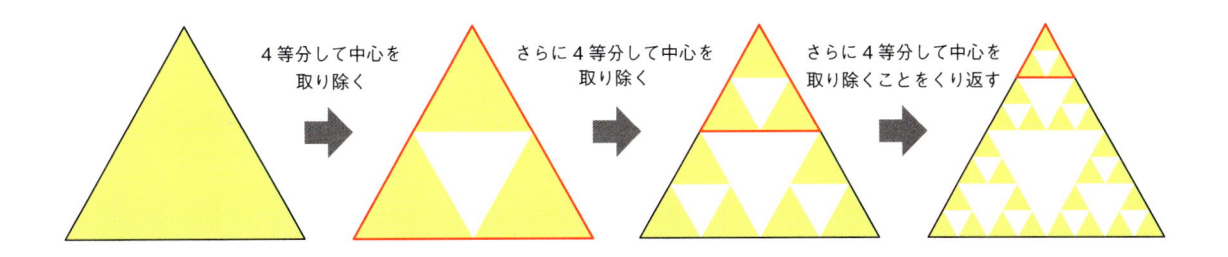

4等分して中心を取り除く ➡ さらに4等分して中心を取り除く ➡ さらに4等分して中心を取り除くことをくり返す

シェルビンスキーのギャスケットのクッション

幾何学模様の美しさが際立つように、白とグレーでシンプルに配色しました。キルティングは三角形の辺に沿って入れ、白地部分にキルティングだけで三角形を描きました。

How to make ▶ 165page

等差数列の和のピンクッション
グラデーションの配色とキルティングで等差数列の和の増えていく様子を表現しました。プリントを使うことで難しいと感じてしまう数学をポップな印象にしました。
How to make ▶ 166page

chapter.
7
オリジナルパターンを考える

オリジナルパターンの考え方は、グラフィックデザインの「グリッドデザイン（格子がベースのデザイン）」とトラディショナルパターンの「格子分割」の2つから成り立ってます。オリジナルを考えるときは、抽象的な表現ではなく具象的なモチーフ、アップリケではなくピースワークでパターンに落とし込むのがイメージしやすく簡単です。格子をベースに直線でイラストを描くようにパターンをデザインします。「格子分割のデザイン」と「格子がベースのデザイン」は違います。「格子がベースのデザイン」とは格子分割を下敷き（ガイドライン）にして、モチーフの小さな部分は格子内をさらに細かく分割したり、一部をグリッドとは異なる分割でデザインしたりします。具象的な形を等分割でデザインしてパターンにするのはむずかしいので、格子がベースのデザインを考えます。自分が思い描く形を自由にパターンとしてデザインするのは、案外むずかしいものです。格子というガイドラインがあるからデザインがしやすくなります。

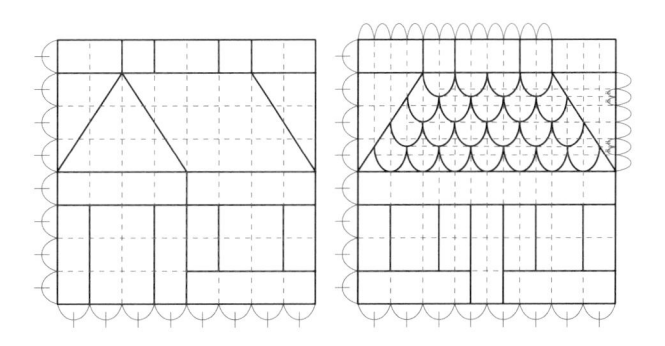

左が「格子分割」、右が「格子がベースのデザイン」。どちらも格子をベースに考えており、左は格子のラインに沿ってパターンを作っています。右は格子をベースにしつつ、格子内をさらに分割したりもう少し自由な線を引いています。

レッスンバッグと巾着

97ページの12格子のハウスのパターンをポイントにした
レッスンバッグと100ページの街並みパターンの小さな
ハウスを使った巾着。デザインは違いますが、配色を
合わせればお揃いに見えます。ハウスの両サイドに木
をプラスして、Ａ４サイズがゆったり入る使いやすい
サイズにしました。配色は赤、青、黄に無彩色がアク
セントです。ハウスの配色はストーリーを考えな
がら布を選ぶと楽しさが増えます。玄関ドアと窓が
少し開いてるイメージで分割しました。

How to make ▶ 268,169page

ハウスのパターンから
アレンジを考える

ハウスのパターンはトラディショナルパターンの中でも人気です。種類もたくさんあり、横向き、正面、庭の入ったものなどさまざまなタイプがあります。窓や扉、屋根といった自分で想像してアレンジしやすいパーツが多いのが特徴です。ここではハウスのパターンで試してみましょう。

9格子のスクールハウス

9格子がベースとなったトラディショナルパターンのスクールハウスです。一見、9格子の等分割のパターンに見えますが一部分割が異なります。レッドスクールハウスと呼ばれるパターンなので、配色は赤い色。もう1枚は、この時代の実際のスクールハウスの屋根は黒だったことから、そのイメージで赤、白、黒で配色しました。とてもシンプルなパターンですが、少しの色の違いで印象が変わります。

12格子のハウス

次のページから右の12分割のハウスのパターンをもとにしてアレンジしてみましょう。

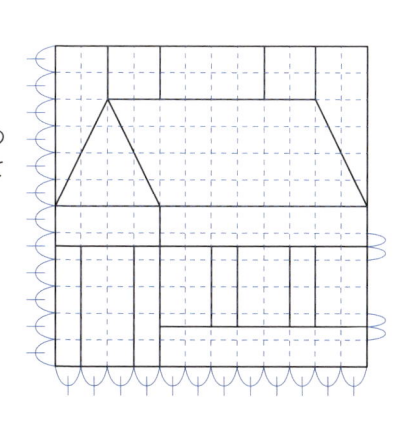

ハウスのパターンを
アレンジしてみる

ハウスの形は変えずに屋根、窓、玄関ドア、壁をアレンジしてデザインをしてみます。下の5枚は形が同じなので、こちらの屋根とあちらの窓を組み合わせたり、ストーリーやイメージを思い浮かべてデザインや配色をしてください。例えば窓は閉まってるのか、少し開いてるのか、全開なのかだけでも生地選びが違って楽しいはずです。デザインはプラスだけではなくマイナスにする考え方もあります。窓もドアもなくして壁だけにしてみるのもアイデアです。

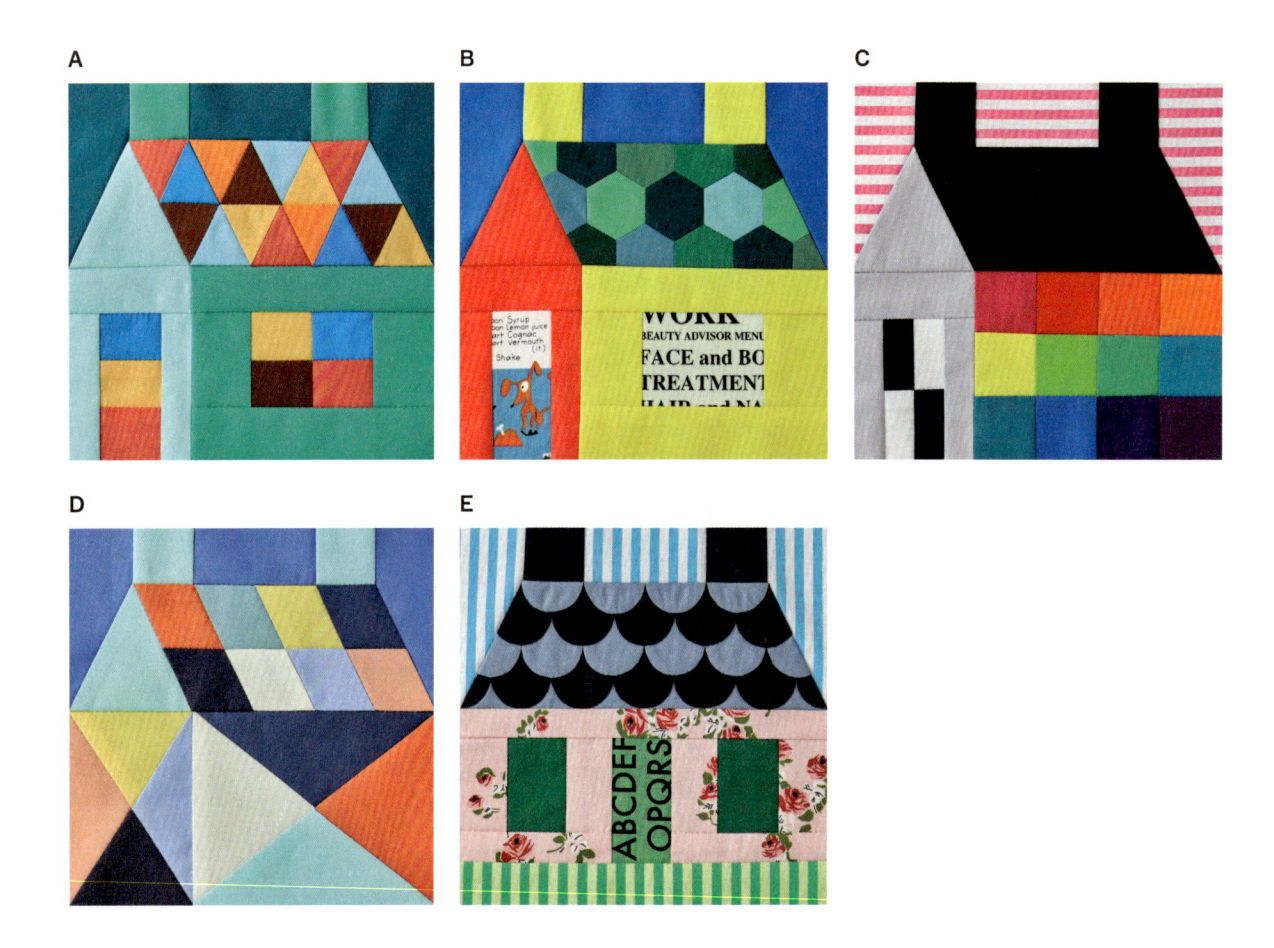

A:三角屋根のハウス　三角ピースの屋根、四角ピースの窓、縦に分割したドア。橙系と青・青緑系の反対色の無地だけを組み合わせました。

B:六角屋根のハウス　六角形をペーパーライナーの方法で接ぎ合わせた屋根は、緑の同系色で赤毛のアンの家をイメージ。ドアは犬のプリントを使って愛犬がお出迎えしているようなかわいらしさをプラスしました。

C:12色相環ハウス　窓をなくした壁は格子の分割に、12色相環の赤紫、赤、赤みの橙、黄みの橙、黄、黄緑、緑、青緑、緑みの青、青、青紫、紫のマルチ配色にしました。色をいっぱい使用した配色は無彩色と組み合わせると心地よい調和になり、安定感があります。

D:図形分割のハウス　平行四辺形の屋根、窓とドアをなくして壁面を対角線で分割したデザイン。平行四辺形で分割された屋根、正方形の煙突、角度が異なる二等辺三角形の壁面とすべて異なる図形で構成されたおもしろさのあるハウスです。いろいろなトーンを組み合わせた無地だけのグラフィカルな配色です。

E:番外編 正面デザインのハウス　ハウスの全体の形は同じままで、横向きを正面向きのデザインにしました。中央にドア、両サイドに左右対称の窓を配置しました。配色はイギリスのコッツウォルズの田舎の家にありそうな、壁にバラがはう家をイメージしてバラのプリントを使用。

ハウスで
オリジナルパターンを
作る

オリジナルのハウスも格子をベースにデザインします。一部異なる分割もありますが、格子がベースなのですっきりした統一感があります。まずどんなハウスをデザインしたいかを決め、特徴をとらえていきます。

【丘の上のマイハウス】
ハウスにつながる道の手前を太く奥を細くすることで遠近感を出して、ハウスが遠くの丘の上にあるように見せています。赤紫、紫、青の隣接色の配色がポイントです。電話をしている人など、おもしろいプリントをいかせるのもハウスの魅力です。

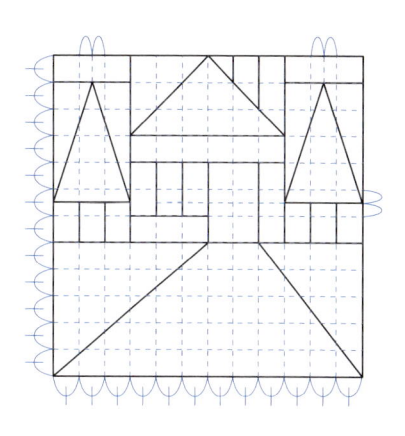

【城】
実際の城を囲む城壁の多くはレンガ造りですが、レンガを表現するために細かく分割はせずに大きな分割のままストライプ布を使うことでレンガ感を出します。もちろん、実物の城壁のようにピーシングをしてもおもしろくなります。朝焼けや夕焼けに染められた城をイメージして配色しました。

【教会】
教会といえば左右対称のデザインに十字架です。中心と左右のバランスを等分にして美しく見えるように考えます。森の中に静かに佇む教会をイメージして配色しました。窓をステンドグラス風に、何色かの色を使うのもかわいくなりそうです。

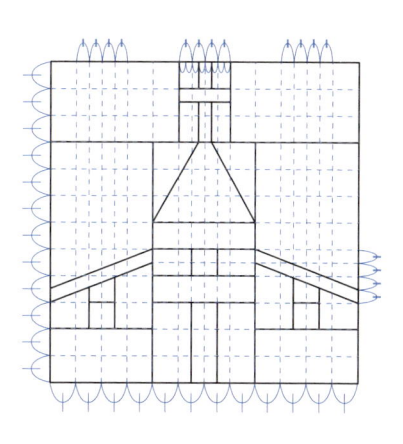

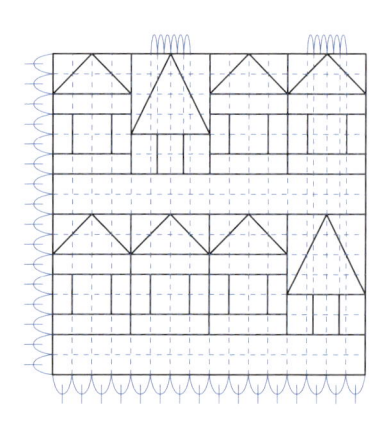

【街並み】

道路と家々と街路樹というモチーフで構成します。家はすべて同じサイズと形です。窓はいろいろなプリント使い、その家の個性を表現しました。屋根と壁はマルチ配色にしてにぎやかで楽しい雰囲気の街並みに。

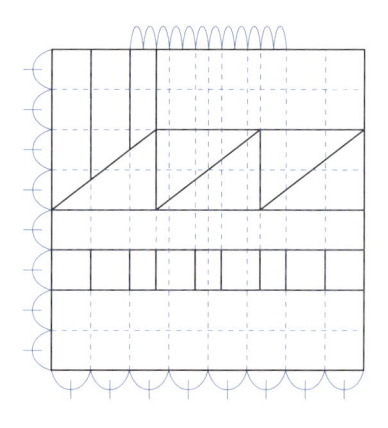

【工場】

三角と四角で構成された工場です。工場というと無機質なイメージがありますが、建物自体をグリーンにして安全でクリーンな印象を、煙突を赤と白のしましまにしてポップさを出しました。

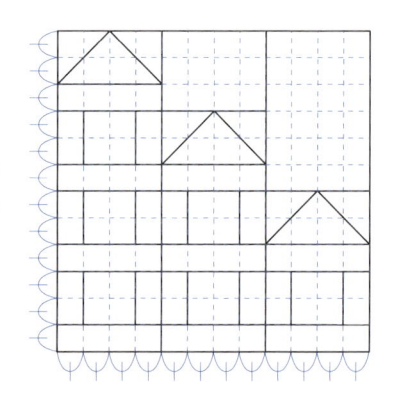

【段々ハウス】

順番に高さが変化するアパートメントです。夜、のんびり過ごす住人とペットたちをプリントを使って表現しました。カーテンの閉まっているお部屋がポイントです。赤、緑、黄の三角屋根が絵本の一場面のような雰囲気も出しています。

動物で
オリジナル
パターンを
作る

格子をベースにデザインした動物たちは正方形のブロックをめいっぱい使ったパターンを心がけます。首の長いキリンや細長いワニもバランスよく正方形の中に配置します。丸みが特徴の動物は曲線的にするか、直線的にするか迷うところです。例えばカタツムリとゾウは直線的なデザインにしましたが、角をとるデザインも考えられます。逆にフラミンゴの丸みのあるデザインは直線のデザインにしてもおもしろくなります。四角形の分割で考える図形的デザインと、もう少し写実的要素を入れたデザインという2つの考え方があるので、オリジナルデザインを考えるときの参考にしてください。

【ゾウ】

昼間のイメージの強いゾウを、夜のイメージで配色しました。ベースは紺、体のグレーはイメージ通りで、耳にピンク、鼻をピンクのしましまにしてかわいらしさをプラスしています。

丸みのあるデザイン

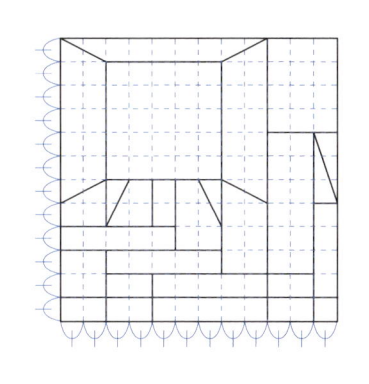 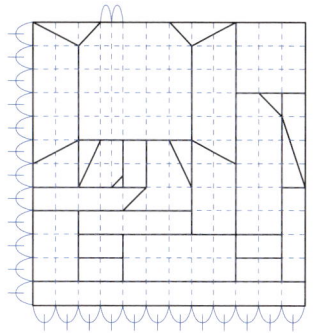

【キリン】

キリンといえば細長い首をどう表現するかがポイントです。体はすべて同じ布にするのではなく、橙のストライプとドットプリントにすることでメリハリと方向性を出しました。たてがみの英字と、つのとひずめの黒が全体を引き締めるアクセントになっています。草原の木々と青い空にいるキリンをイメージ。

 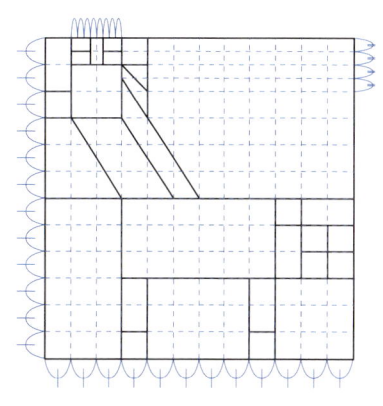

【シマウマ】

シマウマの最大の特徴は黒と白の縞模様です。ストライプと英字プリントを使ってシマウマらしさを表現しますが、ストライプだけではなくストライプと白のしましまにしたところがポイントです。もうひとひねりを効かせた配色です。ベースはグレーがかった緑でサバンナ感を出しました。

 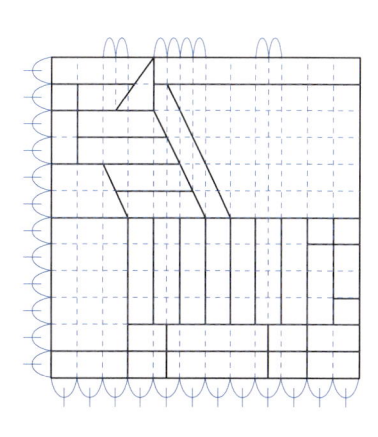

【アヒル】

全体に丸みのある体にデザインしました。配色は白い体に橙の口ばしと足、アヒルのかわいらしさを出すためにベースには昔懐かしい感じのチェックを選びました。大きなピースには英字プリントを使って毛並みを表現。

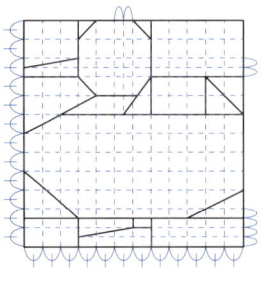

【フラミンゴ】

丸みのある体にデザインしました。フラミンゴといえば片足立ちが特徴なので、曲げた足を三角で表現して細かい部分は省いています。ベースの上下は無地とドットで変化をつけて柄合わせしました。

直線のデザイン

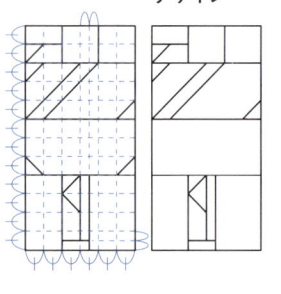

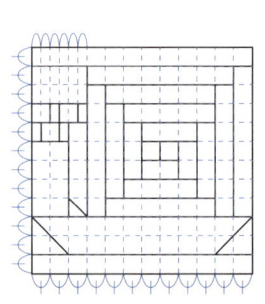

【ウシ】

白黒のまだら模様と鼻を特徴的にデザインします。模様は白黒のドットプリントを使ってウシらしく配色。ドットの大きさを変えて単調にならないようにしました。鼻は穴も大きめにデザインします。

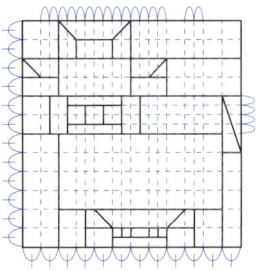

【カタツムリ】

殻は31ページのようなログキャビンのパターンを使い、ぐるぐると螺旋状になるように配色に気をつけます。最後の1枚は下ではなく上に接ぎ合わせ、緑とピンクのぐるぐるが渦になるようにしています。

丸みのあるデザイン

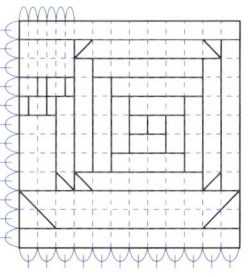

ワニのバッグ

正方形のワニのパターンを本体にし、逆台形のマチを組み合わせたバッグです。正面から見るとマチの逆台形の袋口が斜めになってかわいい形になります。ワニのパターンは正方形をめいっぱい使うので、長い尻尾はくるりと丸めたようにデザインしました。青と緑は類似色なので安定感のある配色です。後ろ側は細長い体と足だけでワニの形を想像してもらうように遊んだデザインに。

How to make ▶ 170page

花のパターンを作る

花は人気のあるパターンです。ここではいちから作るのではなく、組み合わせる方法でデザインを考えていきます。

一輪の花のパターン

図形やトラディショナルパターンに花芯と茎と葉をつけただけのシンプルな考え方です。
葉は花に合わせたデザインにします。ピーシングだけでなく、パターンによってはアップリケもしています。
一輪なので正方形の1/2幅の長方形にして、正方形に2本並べられるようにしました。

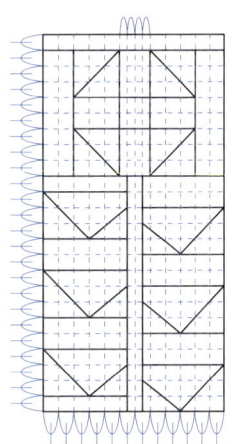

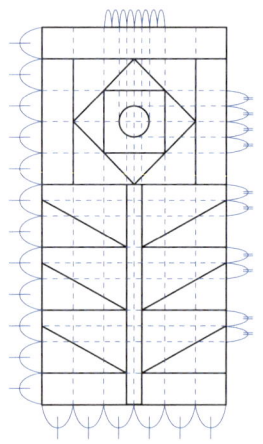

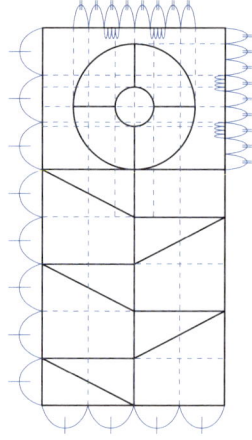

【オクタゴンフラワー】

正方形から作る八角形の花です。葉の位置を段違いにしてアシンメトリーのデザインにしました。

【スクエアフラワー】

トラディショナルパターンの「四角の中の四角」を花に見立てて、中心からグラデーションに配色しました。葉は長方形の対角線から少しずらした位置で三角にした形です。

【サークルフラワー】

1/4円を組み合わせた花と、三角形の葉をつなげただけの茎のないデザインです。花の1/4円は縫い合わせてからアップリケします。

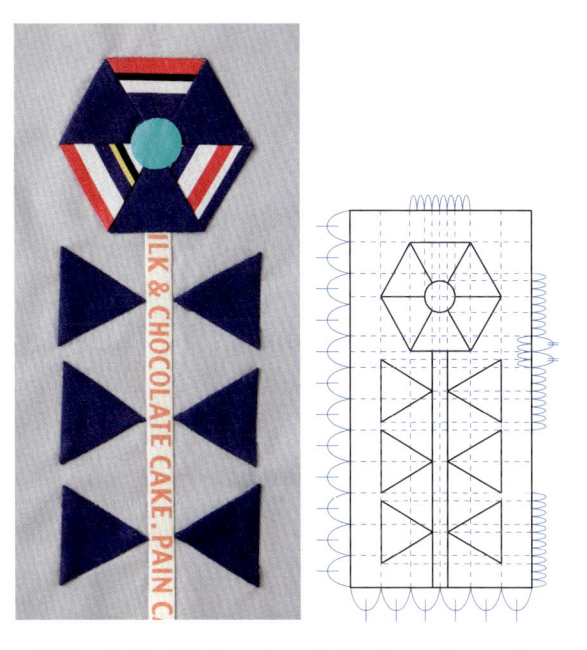

【ヘキサゴンのフラワー】

花と葉は同サイズの六角形のペーパーライナー（52ページ参照）を使いました。花、茎、葉はアップリケで仕上げます。

【正三角形が集まったヘキサゴンフラワー】

正三角形の花びら6枚をピーシングして正六角形の花にしました。花、茎、葉はアップリケで仕上げますが、三角の葉と茎はピーシングにアレンジしてもOKです。

一輪の花のピンクッション

パターンの花部分だけを使った、ヘキサゴンのフラワーとサークルフラワーのピンクッション。ヘキサゴンの葉を1枚だけつけるのがポイントです。中には手芸綿を詰めますが、針がさびないように羊毛を入れるのもおすすめです。

How to make ▶ 172page

リースのパターン

一輪の花のパターンを組み合わせてリースやブーケをデザインします。
同じ花でも形が変わると大きく見え方が変わります。

【スクエアフラワーの
スクエアリース】

トラディショナルパターン
の「四角の中の四角」の花を
つなげて四角いリースにデ
ザイン。紺とブルーグレー
でシックに配色しました。
明度と彩度の高い黄色の花
芯がアクセントになります。

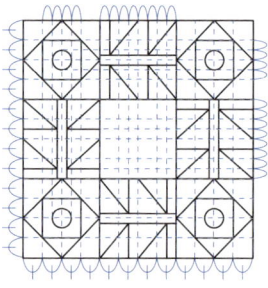

【ヘキサゴンフラワーの
リース】

正三角形のピースをつなげ
て正六角形にした花なので、
リースにするときは葉っぱを
少しサイズの小さな正三角形
にします。正円のリースにデ
ザインしました。

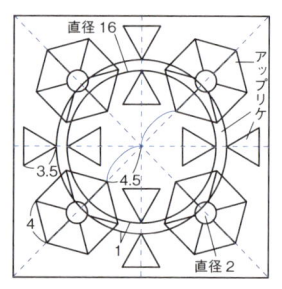

直径 16 アップリケ 3.5 4.5 4 1 直径 2

【オクタゴンの
フラワークロス】

茎をクロスしたデザインです。
花は無地とストライプを交互
に組み合わせて花びらの立
体感が出るように配色。複
雑ですが茎もピーシングをし
ています。

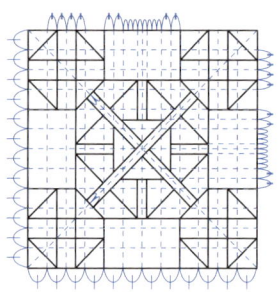

【サークルフラワーの
ブーケ】

丸い花と三角形のラッピング
で図形的にデザイン。大きな
ピースと小さなピース、丸と三
角形の対比が印象的です。花
は橙の同系色でまとめ、青と
橙という2色に絞ってシンプル
さを強く出しました。

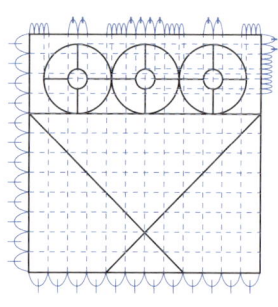

フラワーリースの
ぺたんこバッグ

バッグの表側にリースをアップリケしました。花のストライプのプリントは、柄の出方をランダムにして躍動感を出しました。葉はチェック地をバイヤスに使っています。キルティングはリースのデザインとは関係なく、斜め格子にミシンキルトをかけてシンプルに。
参考作品

こちらのパターンは同じデザインで、モスグリーンの無地とチェックの2種類だけを使った落ち着いた配色。

キャラクターの
パターンを作る

見ているだけで楽しくなるのがキャラクターデザインです。トラディショナルパターンにも「カントリーボーイ」というパターンがあり、直角に交差する線で分割して上は頭、下は体をデザインしています。オリジナルのパターンも格子をベースに考えます。ファッションコーディネートとヘアスタイルとポーズ、そしてストーリーを楽しんでください。

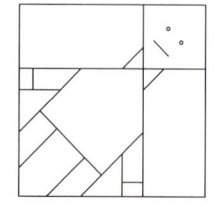

カントリーボーイ

アンクルトム

このパターンから展開していきます。

正方形のキャラクターデザイン

正方形にするか、ひし形にするかでデザインも変わってきます。

【ツインズ】

ミニワンピースとポーズは同じでヘアスタイルをシニョンとダブルシニョンに変えた双子のパターンです。手をつないだ仲よしさんで、シンメトリーの構図にしました。ここからアレンジする場合は、洋服のフォルムはそのままで身頃や袖の分割、配色のアクセントになるタイツをソックスにしたり、長さを変えて楽しみます。

洋服の分割をアレンジ。

スカートを格子にアレンジ。

【ひし形ブロックのバレエポーズの女の子】

頭と体のバランスを考えながら交差する線を最初に決め、そのあとで順に細部を決めます。ひし形の形をいかしたスカートの形やポーズを取り入れます。無彩色の配色に黄がアクセントになっています。

【三角ドレスの女の子】

三角形を組み合わせたドレスのシンプルなパターンです。ドレスに使った赤、青、黄、緑の彩度の高い配色は鮮やかで快活なイメージがありますが、黒・グレーの無彩色をプラスすることで落ち着いた印象に見えます。

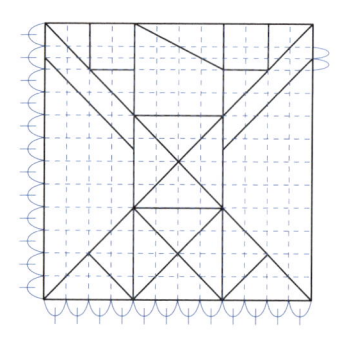

縦長のキャラクターデザイン

パターンの高さを統一、ポーズによって幅を変えています。まずはファッションとポーズを変えることから始めます。

 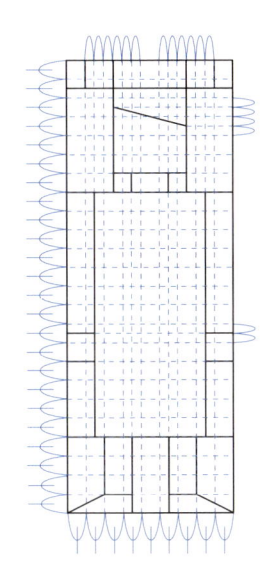

【アイラインのワンピース】

直線のワンピースは、首のピースをハイネックにして配色。身頃を上下に分割してシャツとスカートにアレンジしてもかわいいです。このサイズの幅は女の子2人と小さなサイズのネコやイヌ、花と一緒に組み合わせることができます。

 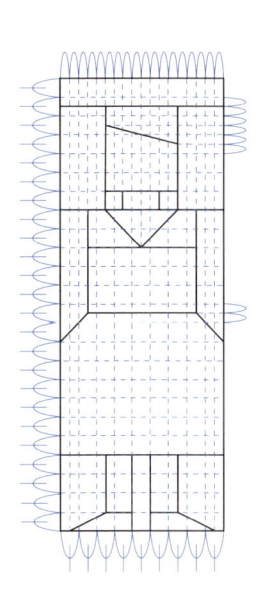

【ウエスト切替のワンピース】

ベリーショートのヘアスタイルに、首元が開いたシックなワンピースは全体を黒でコーディネート。シンプルなデザインなので強い色がよく合います。

 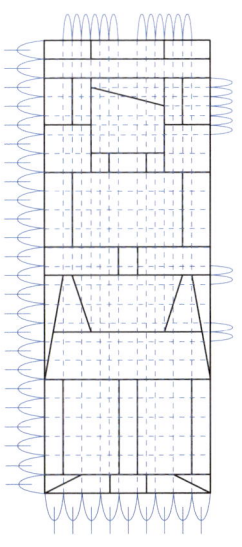

【バスケットを持った女の子】

帽子をかぶってバスケットを持った女の子は、帽子を脱ぐとボブのヘアスタイルになるイメージです。バスケットが体の前にあるので、布で差をつけて目立たせます。

 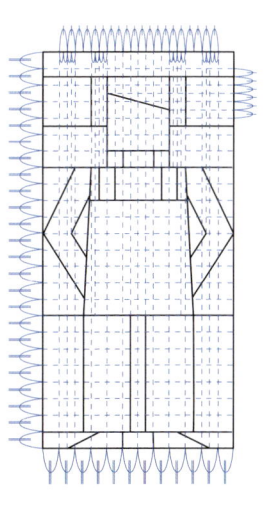

【オーバーオール】

胸当てと肩ひもがついたオーバーオールはゆとりを持たせたシルエットです。ほかの3パターンよりも幅が広くなり、腕に動きをつけることができます。

パターンを組み合わせる

正方形ブロックに小さなサイズのネコやイヌ、花を組み合わせたパターンです。ストーリーを考えながらデザインするとイマジネーションが広がります。109ページのキャラクターを使って組み合わせのデザインをしてみましょう。

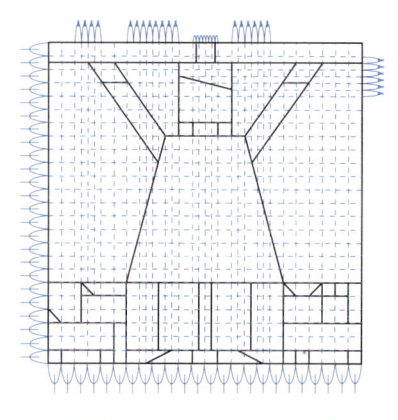

【女の子とネコとイヌ】

両手をあげるポーズは元気や嬉しいとき、背伸びやバンザイ、そして「ここにいるよ」の合図などのときにとります。ここではネコとイヌと一緒なのが嬉しいというストーリーです。余白をいかした構図で、下に重心を持たせてバランスを取ります。ワイドパンツとシャツワンピースの重ね着のデザインにし、ワンピースの裾幅に合わせてネコとイヌを組み合わせます。

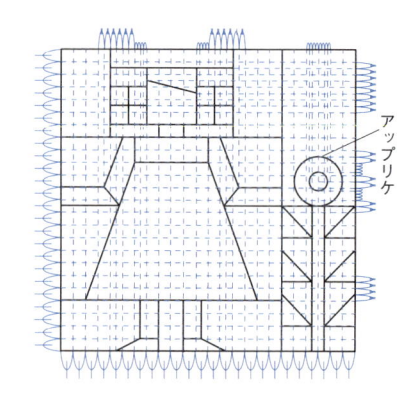

【Aラインのサマードレス】

三つ編みのヘアスタイルに手を肘から横に広げるポーズは「あれ？」などの疑問のしぐさ。成長の早い花に「あれ？　なぜ？」と思っている女の子というストーリーです。切り替えのあるサマードレスは、面積が広いので大柄布を楽しんだり、身頃を分割してティアードドレスにしてもかわいくなります。

chapter.
8

配色について

配色は楽しいけれど配色の理論は苦手、感覚で配色していることが多いと思います。感性は大切です。日頃いろいろなものを見て感性を磨き、感動する心を持ちましょう。加えて理論の基礎知識を知ることも大切です。配色に迷ったときに配色に理論で答えを見つけることができたり、知ることによってバランスのよい配色ができるようになります。理論を取り入れながら作品をレベルアップさせませんか。

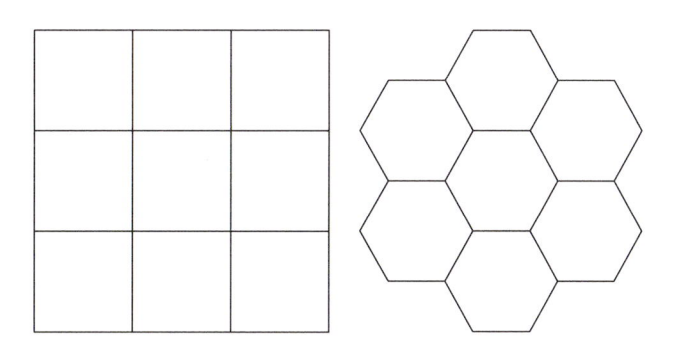

具象的なパターンは、そのものの色に近づけることができますが、
シンプルなパターンほど配色が難しく感じるときがあります。
このパターンに何色を使いますか。

色相環と
トーンを知る

色みを持ったすべての色を有彩色といい、白、黒、グレーを無彩色といいます。色みのある有彩色は「色相」「明度」「彩度」の3つの性質、無彩色は「明度」のみを持っています。色相は赤、黄、緑などの色みの違い、明度は色の明るさの度合い、彩度は色の鮮やかさのことをいいます。これは色の基本中の基本。この基本をふまえて配色を考えていきます。

色相環

色相の近い順に並べた色の環のことを色相環といいます。24色で構成されていますが、パッチワークでは12色で十分です。12色相は黄、黄緑、緑、青緑、緑みの青、青、青紫、紫、赤紫、赤、赤みの橙、黄みの橙の順に変化します。色の基本である「色相環」を覚えておきましょう。

24 色相環

トーン

明度と彩度が似ている色を集めたグループのことをトーンといいます。トーンには、ビビッドトーン（鮮やか）、ブライトトーン（明るい）、ストロングトーン（力強い）、ライトトーン（浅い）、ペールトーン（薄い）、ソフトトーン（やわらかな）、ライトグレイッシュトーン（明るいグレーみの）、ダルトーン（鈍い）、グレイッシュトーン（グレーみの）、ディープトーン（濃い）、ダークトーン（暗い）、ダークグレイッシュ（暗いグレーみの）などがあります。

4つのトーンの色相環を布で表しました。

A：ビビッドトーン（純色）　鮮やかで白や黒の混じりがない純色。最も彩度が高いトーン。
　　活発で明るく元気な色。はっきりした自己主張の強い目立つ色のイメージ。
B：ディープトーン　純色に黒を少しだけ混ぜた落ち着いた色。力強さと高級感を感じさせるイメージ。
C：ブライトトーン　純色に少しだけ白を混ぜた鮮やかさが少し落ちた色。元気でさわやかなイメージ。
D：ペールトーン　純色に白をたくさん混ぜた淡い透明感のある色。かわいらしいイメージ。

トーンを揃えた配色

トーンを考えて配色をしてみます。左の色相環を頭において、布を選んでみてください。
トーンが揃っていると、色相（色み）が変わってもまとまりやすくなります。

ビビッドトーンのヘキサゴンフラワー

12色相をひとつ置きに抜き出して順に並べた6色相
の配色です。いろいろな色が入っていますが、トー
ンが揃っているのでまとまりがあります。中心は白
の無彩色にして色同士がわかりやすくしました。

トラディショナルパターン「エデンの園」

こちらもビビッドトーンです。12色相環の全色を使っ
て、色相、彩度、明度それぞれの差でメリハリをつ
けて配色しました。

同一色相の配色

色相が同じ色同士の組み合わせの配色のことを同一色相といいます。同じ色みなので統一感があり、
まとまりやすい配色ですが、単調になりやすいので明度や彩度の差を大きくしてメリハリをつけます。

赤み橙の同一色相

白を混ぜる分量でサーモンピンク、
黒を混ぜる分量で赤茶や焦茶、グ
レーを混ぜる分量で濁ったサーモ
ンピンクやベージュになります。

青緑と緑の同一色相

どの色でも考え方は同じです。無
彩色の白、黒、グレーをどの分量
混ぜるかでトーンが変わりますが、
色みが同じなのでまとまりやすくな
ります。

モノトーンを
考える

モノトーン配色とは白、黒、グレーなどの無彩色を使った配色のことです。明度（明るさの度合い）だけを持っています。いろいろな柄合わせや色合わせがパッチワークの楽しさなので、色みのないモノトーンは物足りなく感じるかもしれません。しかしモノトーン配色はシンプルで洗練された、無彩色だけの深みのある世界が魅力です。

白の話

白は色の中で最も明るい色。清潔感や純粋、高潔なイメージがあります。また、同じサイズでもほかの色に比べて、大きく見えたり（膨張）、近く見えたり（進出）、やわらかそうだったり（柔軟）、軽く感じたり（軽量）します。どんな色とも合わせることができ、ほかの色を明るくする効果があります。

黒の話

黒は色の中で最も暗い色。クールでモダン、安定感のある落ち着いたイメージです。白とは逆で、同じサイズでも小さく見えたり（収縮）、遠くにあるように見えたり（後退）、硬そうだったり（強硬）、重たそう（重量）に見えます。黒は周囲の色を引き締める効果があります。

グレーの話

グレーは白と黒の間の色。ライトグレーからダークグレーまで幅広い明るさを持っています。シンプルで洗練された落ち着いた大人の色のイメージです。自己主張が控えめで、ほかの色との協調性が高く、どんな色にも馴染みます。周囲の色を引き立てる調和の色です。

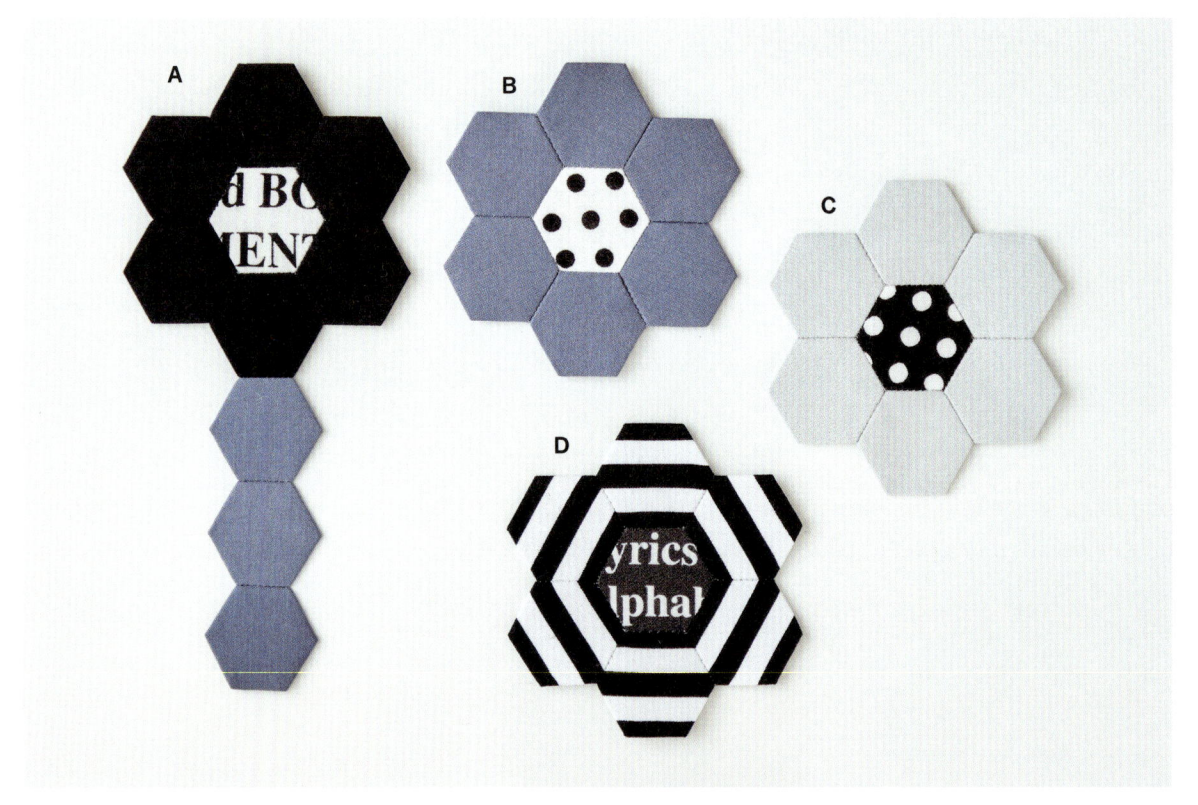

A：明度がいちばん低い黒の花びらに明度がいちばん高い白の花芯がアクセント。 強調されたコントラストの力強い明暗の対比が魅力です。

B：ダークグレーとライトグレーの間のミディアムグレーは、落ち着いた印象と明るい印象を併せ持っています。花芯のドットでかわいらしさをプラス。

C：白に近いライトグレーは優しく、エレガントだけどカジュアルなイメージです。 花芯は黒ベースでメリハリをつけます。

D：白黒ストライプの柄合わせでできるヘキサゴンウェーブです。花芯に隣接するストライプが白か黒で表情が異なります。

E：細いストライプと太いストライプ、白の英字がアクセントの黒と黒無地で柄の対比を楽しんだ組み合わせ。シンプルさがより印象を強くします。

明度の話

明度は白黒の場合はわかりやすいですが、色みが入るとわかりにくくなることがあります。わかりにくい場合は、白黒コピーをとるとはっきりします。

いろいろな
グラデーションを
知る

グラデーションとは明るさ（明度）、色み（色相）、鮮やかさ（彩度）などが規則的、段階的に変化することです。白から黒へ、112ページの色相環もグラデーションです。安定した心地よい印象やリズムが出て、動きがある印象をあたえます。順番に秩序よく並べた配色ですが、並べ方は直線である必要はありません。色相環のように環になるもの、中心から外に向かって放射線状に広がるものなどいろいろあります。

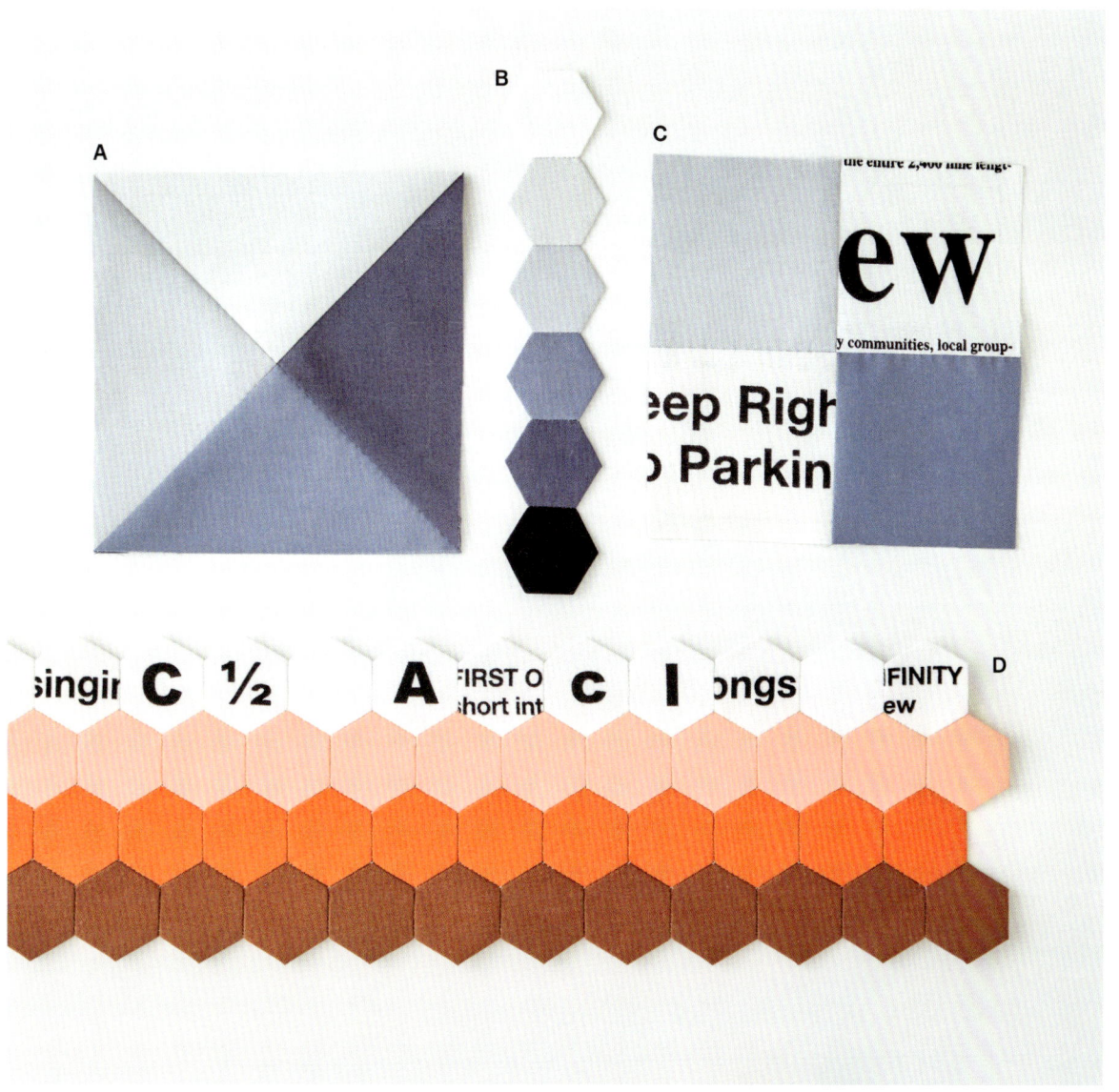

A：**回転するグラデーション**　正方形を対角線で分割した直角二等辺三角形をグレーで回転するようにグラデーションにした例。

B：**六角形のグレースケール（明度スケール）**　白〜グレー〜黒への変化の見本。最も明度の高い白をいちばん上にして少しずつ明度を下げ、最も明度の低い黒までを並べた無彩色の変化。

C：**印象としてのグラデーション**　正確にはグラデーションとはいえませんが、プリントの白と黒、ライトグレーとミディアムグレーの無地によってグラデーションのように見える配色です。

D：**橙系の同一色相のグラデーション**　ボーダーで1段ずつ色を変化。鮮やかさのグラデーションにもなっています。

E：
色相グラデーション
12色相環を規則的に6色相環にしました。

類似色相と
対照色相とは

類似色相とは色相（色み）が近い色、対照色相とは色相が大きく離れた色の配色のことです。これは112ページの色相環の近い色と離れた色のことをさします。ヘキサゴンフラワーの花芯と花びらで類似色相と対照色相の配色例を紹介します。

類似色相

類似色相とは、色相環で近くにある色や似ている色のことです。隣接色や同系色ともいいます。色と色の差が小さいので統一感があり、まとまった印象の中にも少し変化を感じることができる配色で、失敗のない配色といえます。

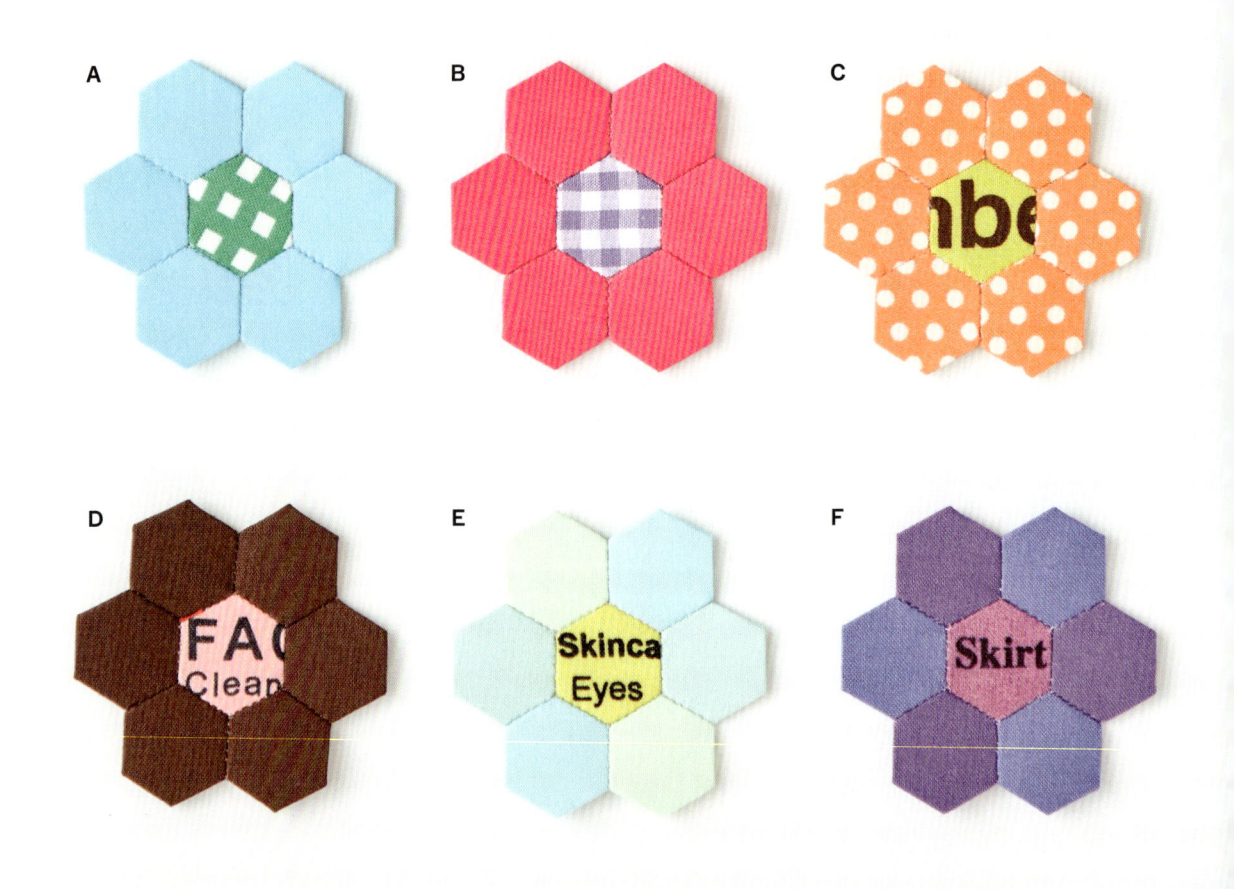

A：青の花びらに緑の花芯。青は青緑に白を混ぜた色です。緑と青緑は近い色なので穏やかな配色になります。
B：ピンクの無地の花びらに紫のギンガムチェックの花芯。赤紫に白を少し混ぜたピンクと青紫は近い色なので合います。
C：サーモンピンクに白ドットの花びらに黄に焦茶の英字の花芯。サーモンピンクは橙に白を混ぜた色で、黄と橙は近い色です。サーモンピンクのやわらかさもある、元気な配色。
D：焦茶の花びらにピンクの花芯。ピンクは赤に白を混ぜた色で、焦茶は橙に黒を混ぜた色なので赤と橙は近い色なのでつながりがあります。焦茶の渋さの中にピンクのかわいらしさがアクセントとなります。
E：ペールトーンの花びらに黄の英字プリントの花芯。花びらは緑、青緑、青の3色に白を混ぜた近い色です。緑と黄は近い色なので黄の花芯はなじみます。
F：紫系の花びらと花芯。紫系の青紫と赤紫は近い色です。グラデーションの配色ともいえます。

対照色相

対照色相とは色相が大きく離れた色、反対色ともいいます。メリハリのある配色で、特に補色は正反対の位置にあるインパクトの強い配色です。派手で強くなりすぎないように色の分量を考えることも大切です。

補色とは

色相環で向かい合う色同士のこと。いちばん遠い色になり、お互いに引き立て合う色の組み合わせです。コントラストが強いので、明度やトーンに差をつけて合わせるとよいでしょう。

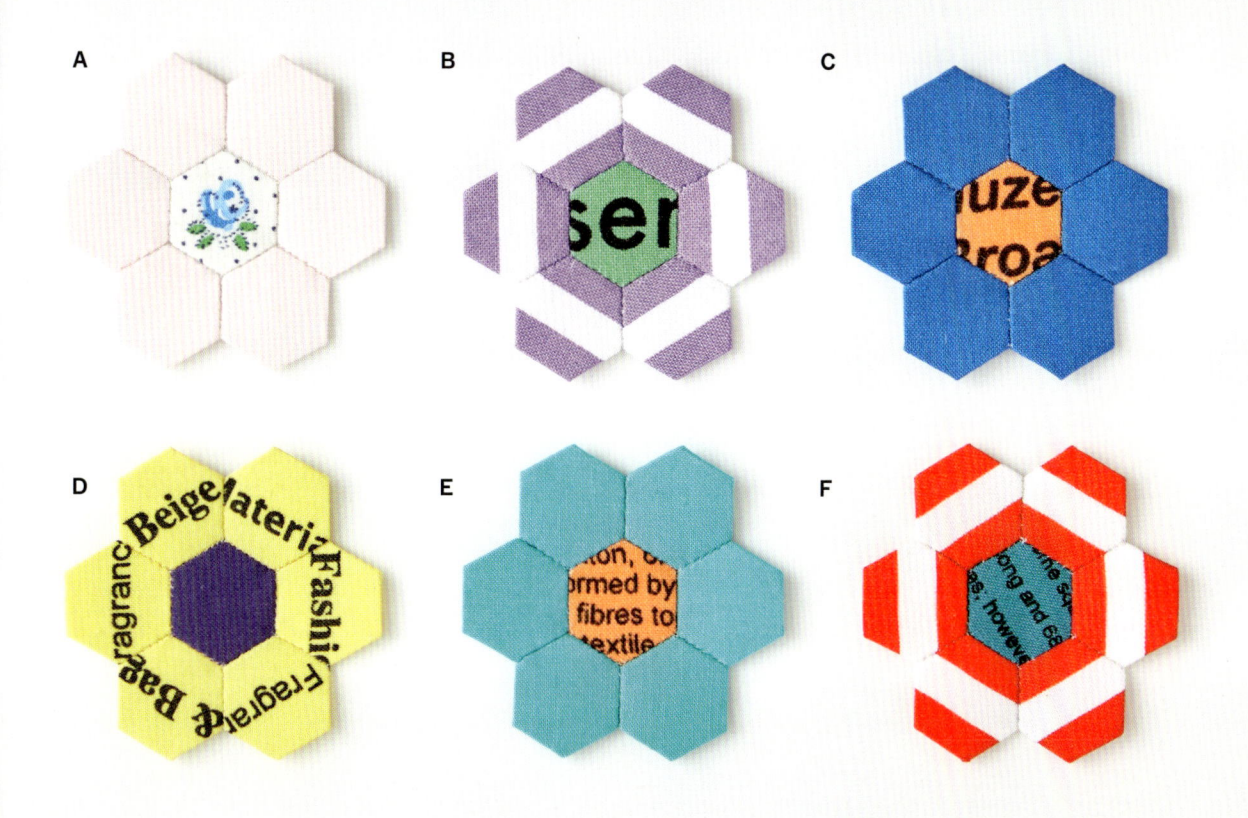

A：ピンクの無地の花びらに青の花プリントの花芯。ピンクは赤に白を混ぜた色、赤と青は大きく離れた色です。やさしいピンクに青をポイントにしました。

B：藤色と白のストライプの花びらに緑の英字プリントの花芯。藤色は紫に白を混ぜた色で、紫と緑は大きく離れた色です。どちらもソフトからブライトトーンで合わせ、白を多めにすることでやわらかにしました。

C：青の花びらに橙の英字プリントの花芯。青と黄みの橙は補色です。無地の落ち着いた青を主にすることで落ち着いた印象に。

D：黄の英字プリントの花びらに青紫の花芯。黄と青紫は補色です。黄と青紫の色の分量の差で、より青紫が引き締まって見えます。

E：青緑の花びらに橙の英字プリントの花芯。青緑と黄みの橙は大きく離れた色です。Cと花芯の布は同じですが、周囲の花びらの青が違うだけで印象が変わります。こちらは鮮やかで明るい雰囲気です。

F：赤白のストライプの花びらに青緑の英字プリントの花芯。赤と青緑は補色です。紅白の強さもあり、印象的な組み合わせです。

レピテーション配色で
リズムを出す

レピテーションとはくり返しという意味です。3色以上の色をユニット（1単位）としてくり返す配色のことをいいます。単純な配色ですが、くり返すことでリズムと新たな見え方が生まれます。

正方形の無地、
3配色のユニット

赤紫と白と紺の3色を、紺、白、赤紫の三角形にセッティングした配色がひとつのユニット。くり返しがわかっていても色の印象に目がいき、階段上につながるので複雑に見えます。

六角形の柄と無地、
3配色のユニット

上の四角つなぎと同じ3配色の六角形です。バラの花柄をポイントにして、ピンクと緑でフラワーガーデンのイメージです。チェックやストライプを使うときは、向きにも注意して配置してください。ここではまっすぐの向きでつないでいますが、右のように斜めに使うと動きが出て印象が変わります。

長方形の無地と柄、
4配色のユニット

橙と黄の暖色と青系の寒色の組み合わ
せです。大小の英字プリントがアクセ
ントとなり、リズム感や動きがアップ
しています。英字プリントを使うとき
は、文字が切れてしまっても大丈夫で
す。文字が読めないことで柄として使
いやすくなります。

六角形の無地、
6配色のユニット

サーモンピンク、青緑、ベージュ、
水色、焦茶、濃い青緑の組み合わ
せです。6枚のくり返しは、斜めに
6色と2色のくり返しのストライ
プ、三角形、花などいろいろな模
様を見つけることができます。配
色によってどう見えるのかが変わ
ります。

セパレーション配色のティーマット

下の茶の同系色の組み合わせはあいまいな配色にペールグレーを入れることでセパレーション効果を
出しました。上の黄とベージュの組み合わせは、ベージュは黄に少し黒を混ぜた色の同一色相なので
統一感がありますが似通った配色なので、間に黒を入れて引き締めます。それぞれの色がはっきり見
えるようになり、色を接ぎ合わせただけのマットがおしゃれな印象になります。

How to make ▶ 167page

セパレーションで
効果的に見せる方法

セパレーションとは、似通った配色があいまいでぼやけて見えるときや鮮やかで強すぎるときなどに、色と色の間に配色の個性を消さない白、黒、グレーの無彩色や無彩色に近い彩度の低い色をはさむと調和が取れる方法です。弱すぎる配色はメリハリがつき、コントラストが強い配色はやわらぎます。ステンドグラスはセパレーション効果を使った典型例です。それぞれの色がはっきり見えるようになり、引き立ちます。

紫×黄
黄と紫は補色なのでコントラストが強くインパクトのある組み合わせ。濃い紫なので黒をはさむことで浮くことがなく落ち着いた印象にまとめました。

緑×赤
赤と緑は反対色の組み合わせです。色の対比が強すぎるので間に黒を入れて調和させます。目がチカチカする組み合わせですが、黒をはさむことで軽減されます。

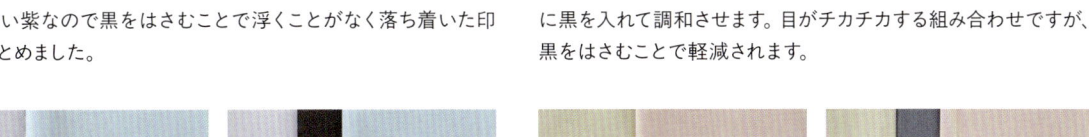

薄紫×水色
ペールトーンの淡くクリアな配色はぼんやりとしていてメリハリがつきづらくなります。間にダークグレーを入れて引き締めます。

アイボリー×ペールピンク
ペールピンクとアイボリーはトーンが同じで色自体も似ているやさしい色の組み合わせです。間にミディアムグレーを入れて引き締めます。黒だと強くなるので、グレーが全体の雰囲気と合っています。

同じ色の無地×ドット
無地とドットのベースの似通った組み合わせはあいまいな配色です。間にダークグレーに白の英字プリントを入れて分けました。英字（柄）は白とダークグレーの両方の役目をしてくれると同時にアクセントにもなります。ベースの色と英文字（柄）の色が同じ分量の場合は、柄をセパレーションカラーとして使っても効果的です。色の配分が同じなので両方の色がセパレーション効果となります。ただし、セパレーションカラーやセパレーションプリントがもとの配色より目立ちすぎないことが大切です。ドット柄が印象の強い配色なのでバランス的にもちょうどよく、遊び心で英字プリントを使いました。

セパレーション配色を
パターンに使う

121ページでセパレーションの考え方は説明しました。では色や柄をたくさん使うパッチワークにいかすにはどう使えばよいでしょうか。2つの例で解説します。

黄と黄緑の同系色の四角つなぎです。無地とプリントのバランスも取れていて、このままでも十分すてきな配色です。もうひとつポイントが欲しいときにセパレーション効果をプラスします。

間にグレーのリックラックテープをつけることでそれぞれの色がはっきり見えて引き締まります。すべてにつけるとうるさくなるので、4枚単位がちょうどいい加減です。リックラックテープは、装飾的な効果もあります。

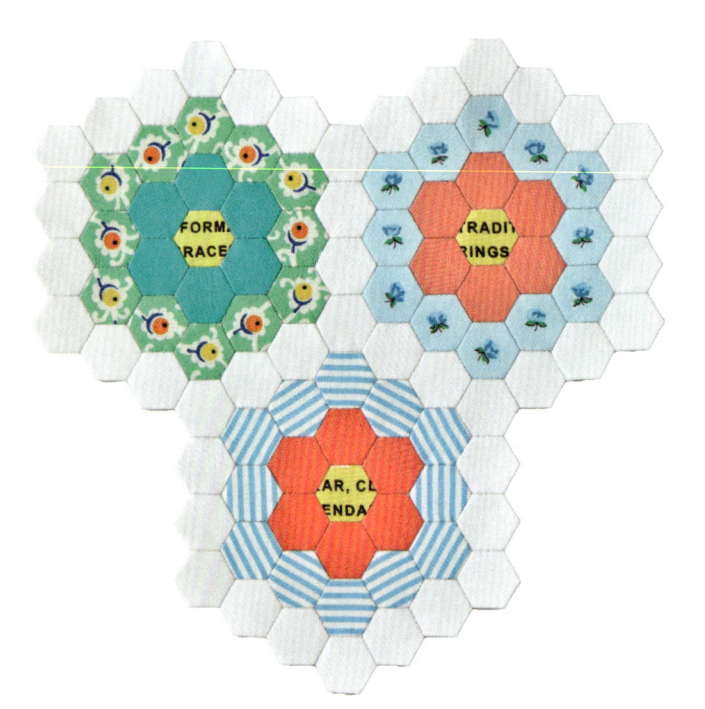

グランドマザーズガーデンというキルトによく使われるデザインです。花の庭と小道を表していて、多くのキルトでは小道に白が使われます。これも白のセパレーション効果でそれぞれの花の庭を引き立ててくれています。

アクセントカラーの ポイントを知る

アクセントという言葉はよく使いますが、実際にどういうことなのでしょうか。アクセントカラーとは配色に変化を与えたり、強調したり、配色全体を引き締める色のことです。全体の色と対照的な色やトーンを使って、5～10％くらいの小さな面積で使うと効果的です。パッチワークは色のアクセントと柄のアクセントの両方で効果が出ます。無地がメインの配色は柄をアクセントに、柄がメインの配色は無地をアクセントにして解説します。

緑と青緑の同系色に 対照色の茶のアクセント

ベースは12色相環の隣り合った色である青と青緑に白、グレー、黒を加えた同系色の組み合わせです。統一感はありますが単調になりがちなので、対照色の橙を加えてアクセントにするという考え方です。茶は12色相環の橙に黒を加えた色なので、青緑や緑の対照色として使えます。ここでは黒の英字プリントもアクセントとなっています。

赤紫の同一色相に 紺と白英字のアクセント

12色相環の赤紫の同一色相の組み合わせです。色みが同じなので統一感がありますが、単調な配色なので紺のドットとストライププリント、赤紫に白の英字プリントをアクセントとして使いました。アクセント布の割合が多いですが、アクセント布のベースも赤紫なのでまとまります。

明るいトーンに濃い青緑と 黒英字のアクセント

ライトトーンとペールトーンは隣り合った明るいトーンで、どちらも12色相環に白を混ぜた色です。濃い青緑のアクセントはトーンが対照となる配色です。黒の英字プリントもアクセントとなります。

紺とダークグリーンに 対照色の黄に黒英字のアクセント

紺とダークグリーンは、12色相環の隣り合った色である青と青緑に黒とグレーを加えた色です。暗くて落ち着いた配色に、対照色の鮮やかな黄ベースの英字プリントをアクセントにしました。対比が大きいので、アクセントカラーの面積は控えめにします。

マルチカラーを
使うには

マルチカラーとは多彩配色のことです。ひとつのアイテムで3色以上を同時に使ったデザインやコーディネートをいいますが、パッチワークキルトの多くは3色以上を使うことがほとんどなので、マルチカラーということになります。ここでは数えきれないほどの色を使った配色をマルチカラーと呼びます。29ページや40ページのバッグはマルチ配色です。マルチカラーはどうまとめるかがポイントになります。実際の作品で解説します。

ポンポン飾りつき四角つなぎのクッション

ビビッドトーンの12色相環がメインの配色です。同じトーンの組み合わせは、同じ調子の色ということなので統一感を感じさせますが、鮮やかで活発なビビッドトーンの12色ですべてを埋めつくすとインパクトが強すぎます。有彩色を引き立ててくれる白、黒、グレーやペールトーン（この作品では赤と青に白を混ぜたピンクと水色）の濃淡を組み合わせることによって落ち着いたまとまりのある配色になります。

How to make ▶ *173page*

おしゃれに見える ツートンカラー

ツートンカラー（バイカラーともいいます）とは2つの色という意味で、ひとつのアイテムの中で2つの色を使っているもののことをさします。2つの組み合わせには無地と無地、プリントと無地、隣接色、類似色、対照色、同一色相などさまざまな組み合わせが考えられます。はっとするような新鮮な組み合わせや、おしゃれに見える組み合わせなど、いろいろチャレンジしてみてください。

有彩色と無彩色
白、グレー、黒と色を合わせるのは、失敗しない組み合わせです。

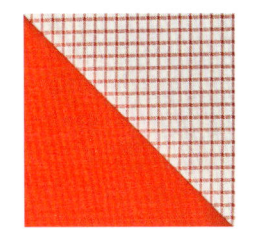

赤×白は定番の配色です。レトロ感のある細かいチェックを使うことで派手さをおさえます。

ターコイズは青緑に白を混ぜた色なので、白とよく合い、さわやかな印象です。

モーブは薄くグレーがかった紫です。白とのストライプでも落ち着いた印象になります。

黄とグレーは相性のいい組み合わせです。黄みがかった橙も同じです。

同一色相
元の色に白、黒、グレーのどれかを加えても色味は同じなので、まとまらないはずがありません。

純色の青にグレーを混ぜた色と黒を混ぜた色の組み合わせです。

グレイッシュピンクは淡いグレーに赤紫を混ぜた色なので、同じ色みになります。

対照色
インパクトと意外性のある組み合わせが生まれます。

黄緑にグレーを混ぜた色がカーキなので赤紫とは対象色になります。大人の配色というイメージです。

赤茶は赤みの橙にグレーを混ぜた色、水色は青に白を混ぜた色。空と大地を連想させる組み合わせです。

類似色
近い色の組み合わせです。似た色でも印象が違う色もあるのでおもしろい組み合わせもできます。

焦茶は黄みの橙にダークグレーを混ぜた色なので、色相環では焦茶と黄緑は近い色になります。

赤みの橙と黄みの橙は隣り合う組み合わせです。どちらもビタミンカラーといわれる色です。

アイスラベンダー色は青紫に白を混ぜた色なので、赤紫とは近い色になります。

グレイッシュな黄緑の無地と黄ベースにドットの組み合わせ。ドットはグレーですが、黄との効果でグレイッシュな黄緑と同じ色に見えます。

柄と大きさの
関係について

パッチワークで大切なのは、作品のピースとパターンのサイズ、形全体のバランス、配色、キルティングの4点です。どのピースにどの布を使うかは大きな問題です。ピースには大きいものもあれば小さいものもあり、特に柄を使う場合は見え方が異なってきます。無地の場合は全体に対する色の分量や組み合わせを考えますが、柄の場合は加えて柄の見え方も考えて柄を取る場合があります。

A

ストライプは縦に使う、横に使う、向きにこだわらないという3つの使い方ができます。ここでは六角形を花のようにつないでいるので、横向きで揃えました。六角形の同じ位置でストライプをとってつなげると、放射状の模様が生まれます。六角形の大きさは左から1辺が10mm、12mm、16mm、22mmです。ストライプの入る本数の違いだけでなく、中心が白から始まるのは共通ですが、周囲が白で終わるか青で終わるかの違いがあります。何色で終わるかは、パターンをつなぐときに周囲につなぐ色を何にするかということと関係してきます。次は中心のピエロの見え方です。ピースが大きくなるにつれてズームアウトしてほかの柄も入ってきます。どのバランスが好みか考えて柄選びをしてください。

B

こちらはストライプを縦に使いました。左の大きな花はピースの中心にピンクがくるように合わせ、両端の角は白でつながります。中心を白にすると端がピンクになるので、また見え方が変わります。右の小さな花も中心をピンクにしていますがピースが小さいのでピンクが1本だけ見えて、左と比べても同じストライプなのに花の印象が違います。花芯も大きさに合わせて英文字のサイズを変えています。

同じストライプでもAのように横に使うか、Bのように縦に使うかで変わるので、どんな花にしたいかで使い分けてください。

ナインパッチのお揃い

大小のピンクッション、鍋つかみ、クッションのお揃いです。デザインも使っている布も布の配置もキルティングも同じで、ピースのサイズだけが違います。サイズによって布がどう見えるのか、バランスを確認しながら布選びをします。ピースが小さければ小さいほど、柄合わせの位置に悩みますがそれが大事です。大小のピンクッションのピースは5mmしか差がありませんが、ナインパッチになると大きさの違いが出てきます。鍋つかみはバインディングで配色が引き立っています。クッションのように大きなピースでも、キルティングを入れることでバランスがとれます。

How to make ▶ *174page*

色と形をいかす キルティング デザイン

キルティングのデザインは2つの考え方があります。ひとつは作品の色と形を引き立てる脇役的な存在、もうひとつは脇役ではなくお互いを引き立て合う存在です。原寸大の製図にキルティングデザインを描いてみるとイメージしやすくなります。また、キルティングの凹凸は、ハンドキルトとミシンキルトで異なり、それぞれのよさがあります。ハンドのやさしい仕上がりに対してミシンはカチッとしたシャープな仕上がりです。デザインを考えたらハンドかミシンかを決め、試作品で確認してから本番のキルティングをするのがおすすめです。

四角に四角、三角に三角といった同じ図形のキルティングは、ひとつのピースがたくさん縫い合わされたように見える効果があります。特にミシンキルトのシャープなラインは、同じ形を並べたタイルのようなおもしろさが生まれます。

四角を対角線でキルティングすることで三角形の模様ができるように、違う形ができるキルティングは、元の形の印象が薄れて新しい図形ができる印象です。ピースのきわに落としキルティングを入れるとよりピースの存在感が際立ちます。

六角形は形に沿って横に入れたり、六角形に入れたり、網目のように入れたりといろいろなパターンが考えられます。

デザイン以外にも関わってくるのが、どのキルト綿を使うかということです。キルト綿、片面接着キルト綿、接着芯の3種類があり、厚さもハード、ソフト、極薄とあります。この本ではアイロンで貼る片面接着キルト綿を多く使用しています。ミシンキルトにぴったりの素材で、カチッと仕上げのバッグはハードとソフト、やわらかな仕上げのペタンコバッグやコースターやマットは主に極薄です。厚みが欲しくないときは接着芯を使用します。作品の種類、形とサイズ、仕上がりイメージに合わせてキルト綿を変えてください。

How to make

作品の作り方

- 図中の数字の単位はcmです。
- 構成図や図案の寸法には、特に表示のない限り縫い代を含みません。通常、ピーシングの縫い代は0.7～1cm、アップリケは0.5cm、仕立ては1cmくらいを目安にしてください。裁ち切りと表示のある場合は、縫い代をつけずに布を裁ちます。
- 指示のない点線は、縫い目やステッチのラインを示しています。
- 材料の布の寸法は、幅×長さで表記しています。用尺は少し余裕を持たせています。作品の寸法は縦×横です。
- 布や糸は好みのものを使ってください。
- 作品の出来上がりは、図の寸法と多少差の出ることがあります。

13 page　**2格子と3格子のピンクッション**

材料

共通　ピーシング用布各種
後ろ用布、裏打ち布、極薄片面接着キルト綿各15×15cm
手芸用綿（または羊毛）適宜

出来上がり寸法　9×9cm

作り方

① ピーシングをして前のトップをまとめる。

② トップに極薄片面接着キルト綿を貼り、裏打ち布を重ねてしつけをかけてキルティングする。

③ 前と後ろを中表に合わせて返し口を残して縫う。

④ 表に返して綿を詰め、返し口をコの字とじでとじる。

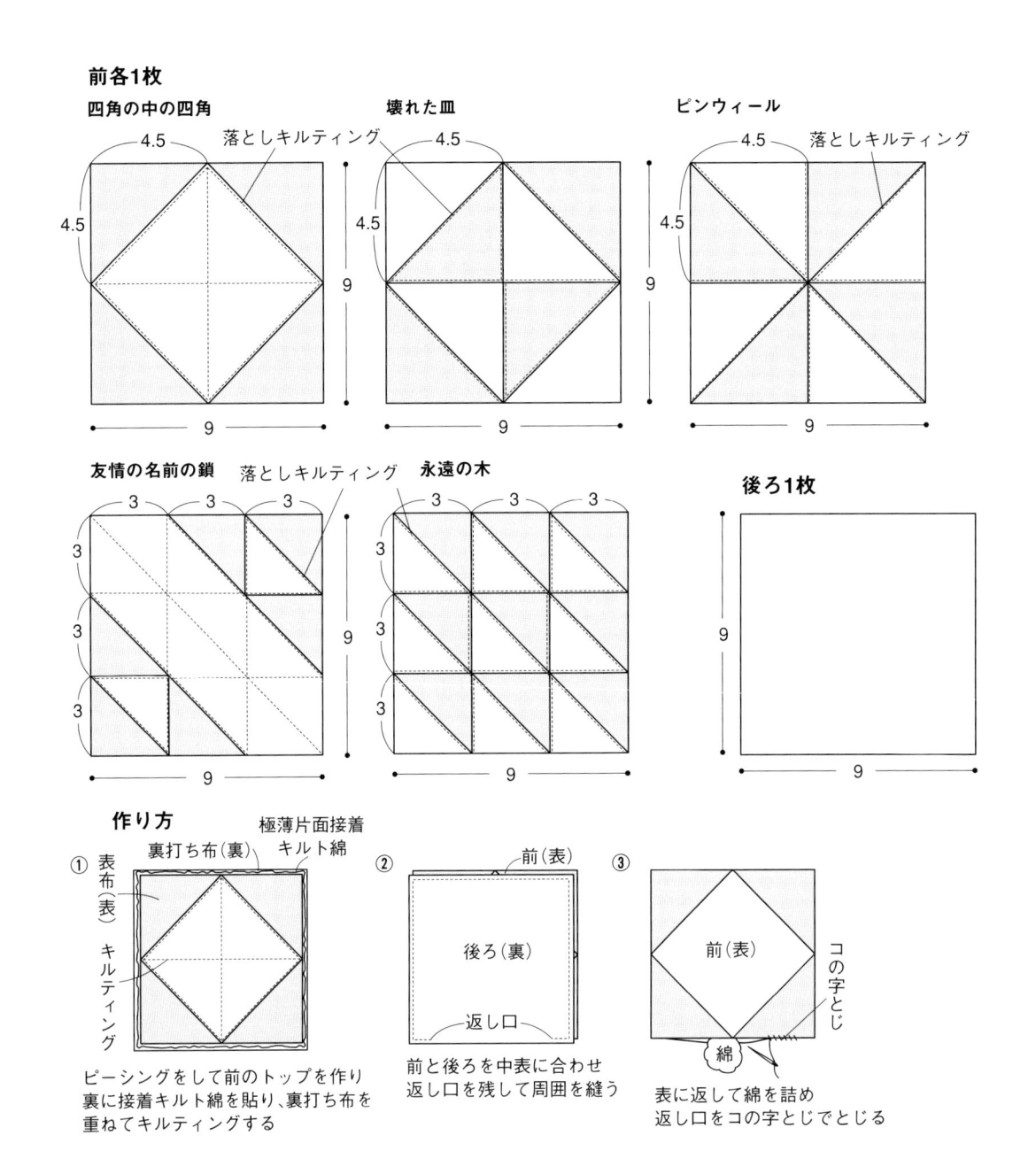

16 page　縞と四角のクッション

材料

ピーシング用布各種
小さな正方形ピーシング用布 100×10cm
長方形ピーシング用布（後ろ分含む）110×45cm
裏打ち布、片面接着キルト綿各 45×45cm
40cm角ヌードクッション1個

出来上がり寸法　40×40cm

作り方

① ピーシングをして前のトップをまとめる。
② トップに片面接着キルト綿を貼り、裏打ち布を重ねてしつけをかけてキルティングする。
③ 後ろを作る。
④ 前と後ろを中表に合わせて周囲を縫い、縫い代をジグザグミシンで始末する。
⑤ 表に返してヌードクッションを入れる。

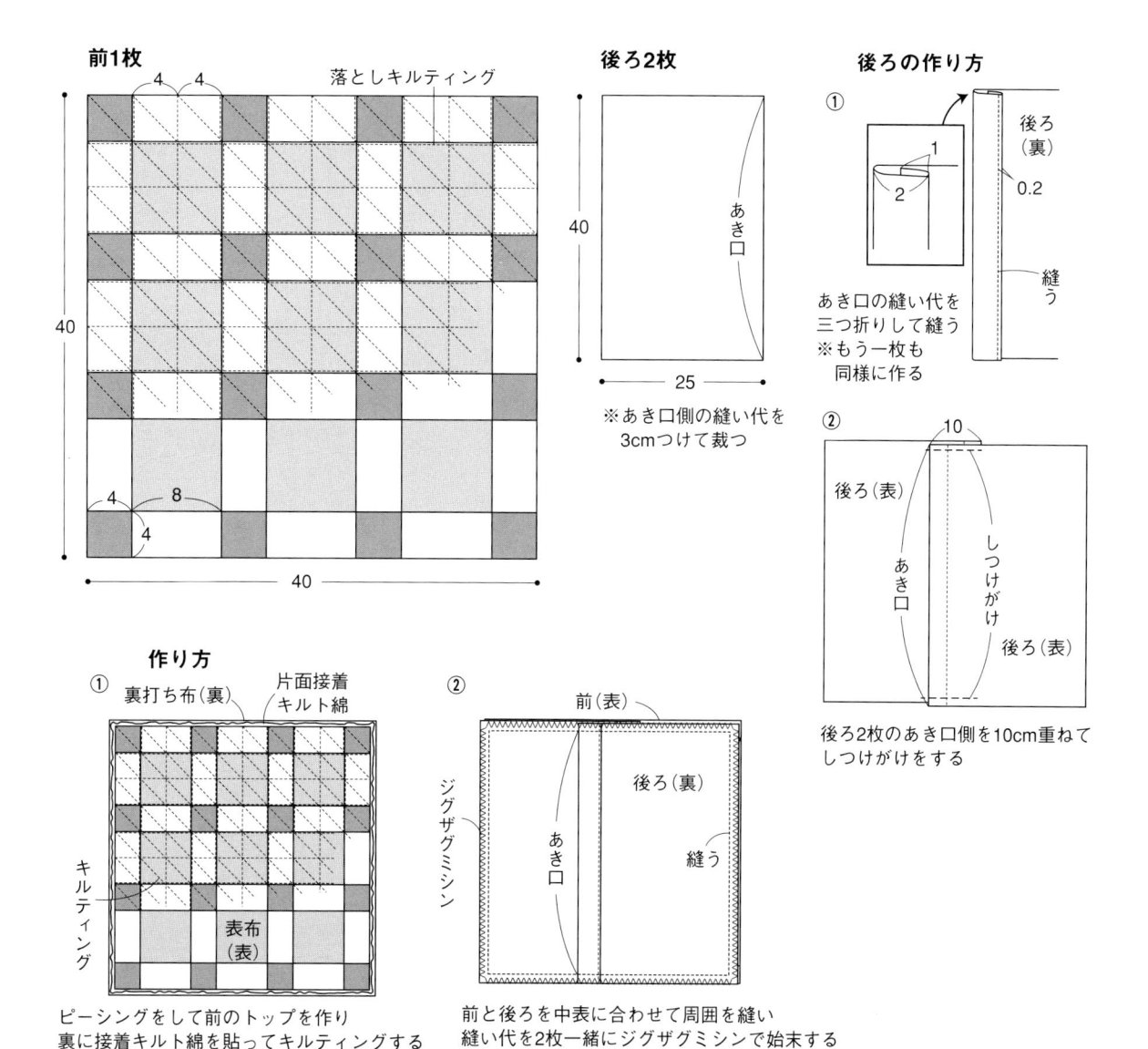

前1枚

4　4　落としキルティング

40

4　8
4

40

後ろ2枚

40

あき口

25

※あき口側の縫い代を
3cmつけて裁つ

後ろの作り方

① 後ろ（裏）

1
2

0.2

縫う

あき口の縫い代を
三つ折りして縫う
※もう一枚も
同様に作る

② 10

後ろ（表）

あき口

しつけがけ

後ろ（表）

後ろ2枚のあき口側を10cm重ねて
しつけがけをする

作り方

① 裏打ち布（裏）　片面接着キルト綿

キルティング

表布（表）

ピーシングをして前のトップを作り
裏に接着キルト綿を貼ってキルティングする

② 前（表）

ジグザグミシン

あき口

後ろ（裏）

縫う

前と後ろを中表に合わせて周囲を縫い
縫い代を2枚一緒にジグザグミシンで始末する

20 page ナインパッチのコースター

材料

共通 ピーシング用布各種
後ろ用布、裏打ち布、極薄片面接着キルト綿各15×15cm

出来上がり寸法 10.5×10.5cm

作り方

① ピーシングをして前のトップをまとめる。
② トップに極薄片面接着キルト綿を貼り、裏打ち布を重ねてしつけをかけてキルティングする。
③ 前と後ろを中表に合わせて返し口を残して縫う。
④ 表に返して返し口をコの字とじでとじる。
⑤ 周囲をステッチで押さえる。

前1枚

落としキルティング

3.5　3.5

10.5

10.5

後ろ1枚

10.5

10.5

作り方

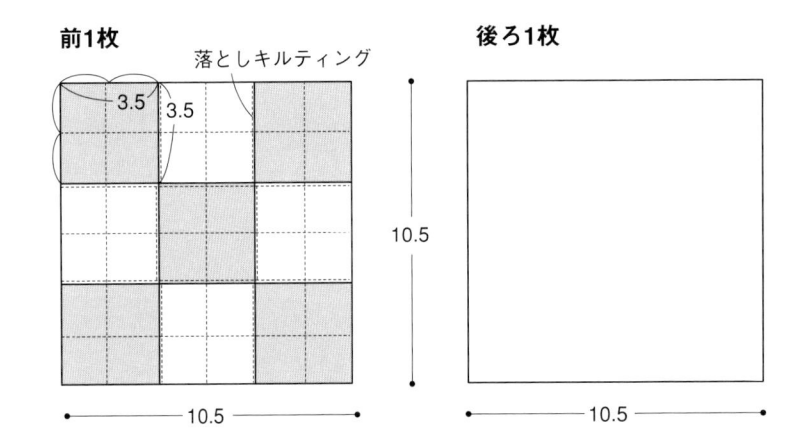

① 表布(表)　裏打ち布(裏)　極薄片面接着キルト綿　キルティング

ピーシングをして前のトップを作り
裏に接着キルト綿を貼り、裏打ち布を
重ねてキルティングする

② 前(表)　後ろ(裏)　返し口

前と後ろを中表に合わせ
返し口を残して周囲を縫う

③ 0.2　前(表)　コの字とじ

表に返して返し口をコの字とじで
とじ、周囲をステッチで押さえる

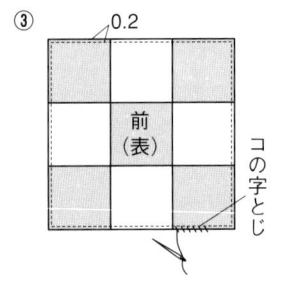

コの字とじのしかた

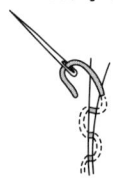

外表にして端と端を突き合わせ
左右を交互にすくう
針目が見えずにとじ合わせがきれい

22 page　ナインパッチのマットとコースター

材料

マット　ピーシング用布各種
ピーシング用白無地60×30cm
後ろ用布、裏打ち布、極薄片面接着キルト綿各35×35cm
コースター　ピーシング用布各種
後ろ用布、裏打ち布、極薄片面接着キルト綿各15×15cm

作り方のポイント

- マットの前は9等分のキルティングをせずに残しておき、仕立ててから後ろが浮かないように押さえるためにあとから入れる。
- コースターの作り方は132ページ参照。

出来上がり寸法　マット31.5×31.5cm　コースター10.5×10.5cm

作り方

① ピーシングをして前のトップをまとめる。
② トップに極薄片面接着キルト綿を貼り、裏打ち布を重ねてしつけをかけてキルティングする。
③ 前と後ろを中表に合わせて返し口を残して縫う。
④ 表に返して返し口をコの字とじでとじる。
⑤ コースターは周囲、マットは周囲と9等分の位置をステッチで押さえる。

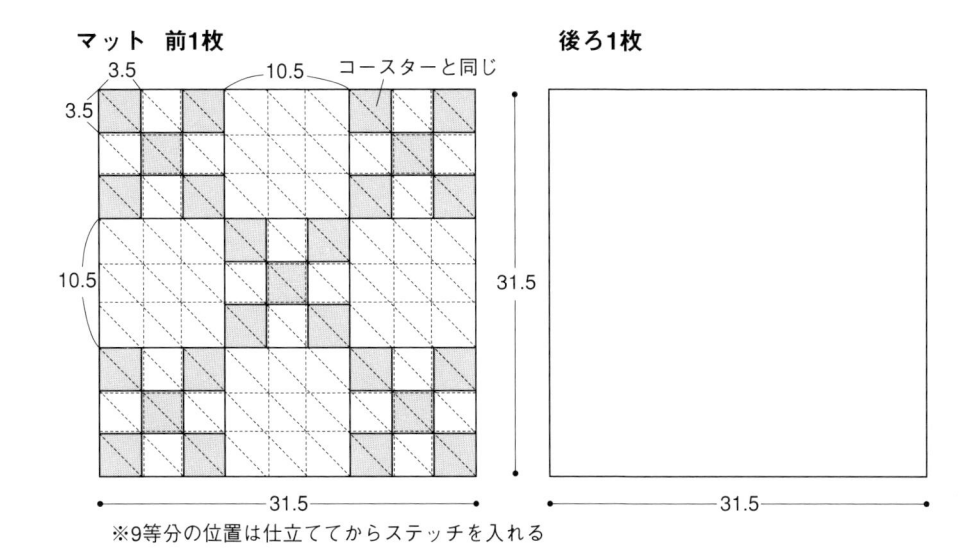

マット　前1枚

3.5　10.5　コースターと同じ

3.5

10.5

31.5

後ろ1枚

31.5

31.5

※9等分の位置は仕立ててからステッチを入れる

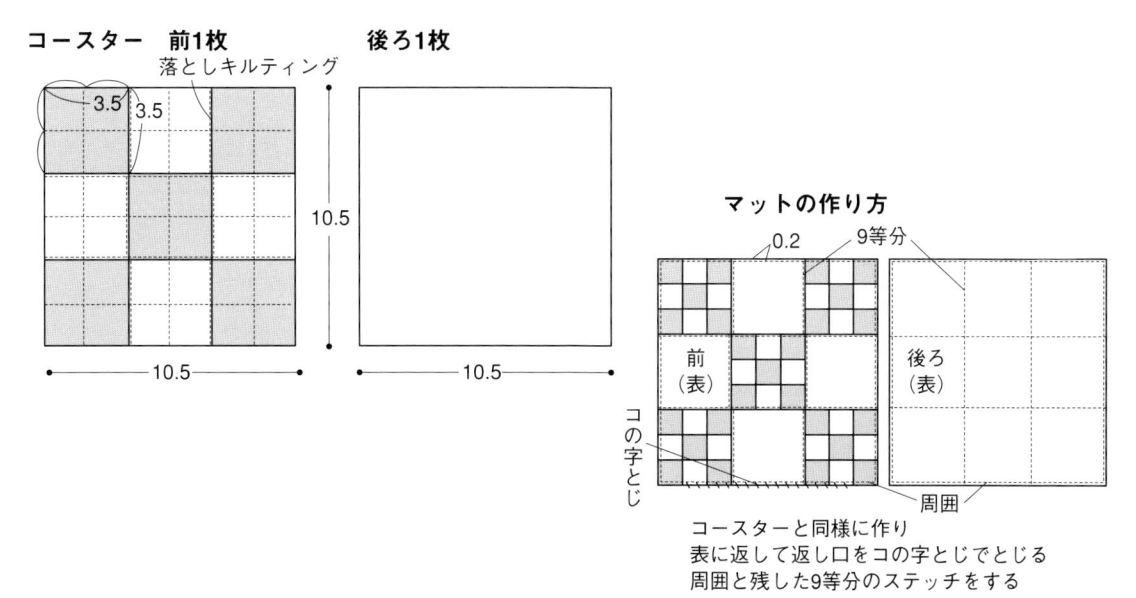

コースター　前1枚

落としキルティング

3.5　3.5

10.5

10.5

後ろ1枚

10.5

マットの作り方

0.2　9等分

前（表）　後ろ（表）

コの字とじ

周囲

コースターと同様に作り
表に返して返し口をコの字とじでとじる
周囲と残した9等分のステッチをする

25 page　**フォーパッチのピンクッション**

材料

ピーシング用布各種
後ろ用布、裏打ち布、極薄片面接着キルト綿各15×15cm
直径1.5cmポンポン4個
手芸用綿（または羊毛）適宜

作り方のポイント

・ ポンポンは好みのものをつける。

出来上がり寸法　8×8cm

作り方

① ピーシングをして前のトップをまとめる。
② トップに極薄片面接着キルト綿を貼り、裏打ち布を重ねてしつけをかけてキルティングする。
③ 前と後ろを中表に合わせて返し口を残して縫う。
④ 表に返して綿を詰め、返し口をコの字とじでとじる。
⑤ 角にポンポンを縫いつける。

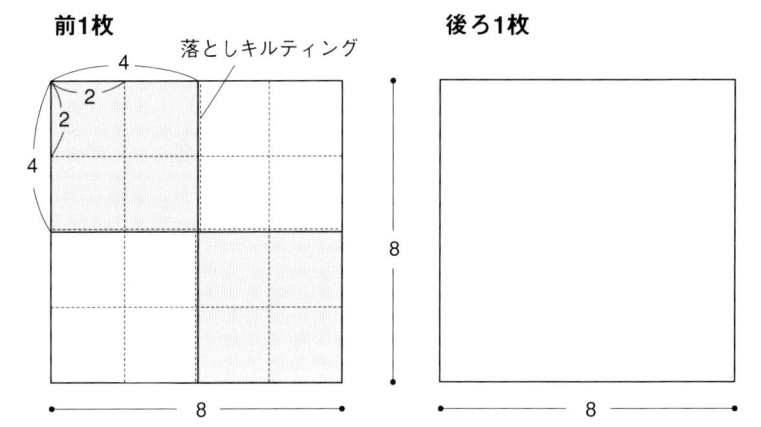

前1枚
落としキルティング

4　2　2　4　8　8

後ろ1枚

8

作り方

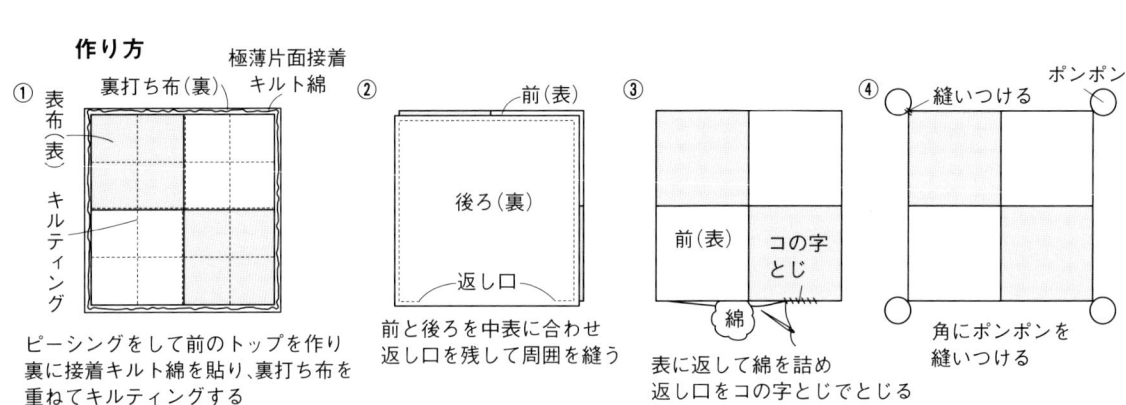

① 裏打ち布（裏）　極薄片面接着キルト綿　表布（表）　キルティング

ピーシングをして前のトップを作り
裏に接着キルト綿を貼り、裏打ち布を
重ねてキルティングする

② 前（表）　後ろ（裏）　返し口

前と後ろを中表に合わせ
返し口を残して周囲を縫う

③ 前（表）　コの字とじ　綿

表に返して綿を詰め
返し口をコの字とじでとじる

④ 縫いつける　ポンポン

角にポンポンを
縫いつける

ダイヤモンドセッティングのベビーキルト

材料

ピーシング用布各種
ピーシング用白無地110×80cm
ボーダー用布 (バインディング用幅4cmバイヤステープ分含む) 110×110cm
キルト綿、裏打ち布各110×130cm

作り方のポイント

• ボーダーはストライプ柄に合わせて裁つ。幅は端数になるが仕上がりがきれいになる。ストライプを等分割してキルティングする。
• 外側の白無地の三角形は縦目で裁つときれいに仕上がる。

作り方

① A「ナインパッチ」のパターンを30枚、B「レターH」のパターンを20枚作る。
② パターン2種と三角形の白無地を接ぎ合わせ、左右上下の順にボーダーを接ぎ合わせてトップをまとめる。
③ 裏打ち布、キルト綿、トップを重ね、しつけをかけてキルティングする。
④ 周囲をバインディングで始末する。

出来上がり寸法 117.6×100.8cm

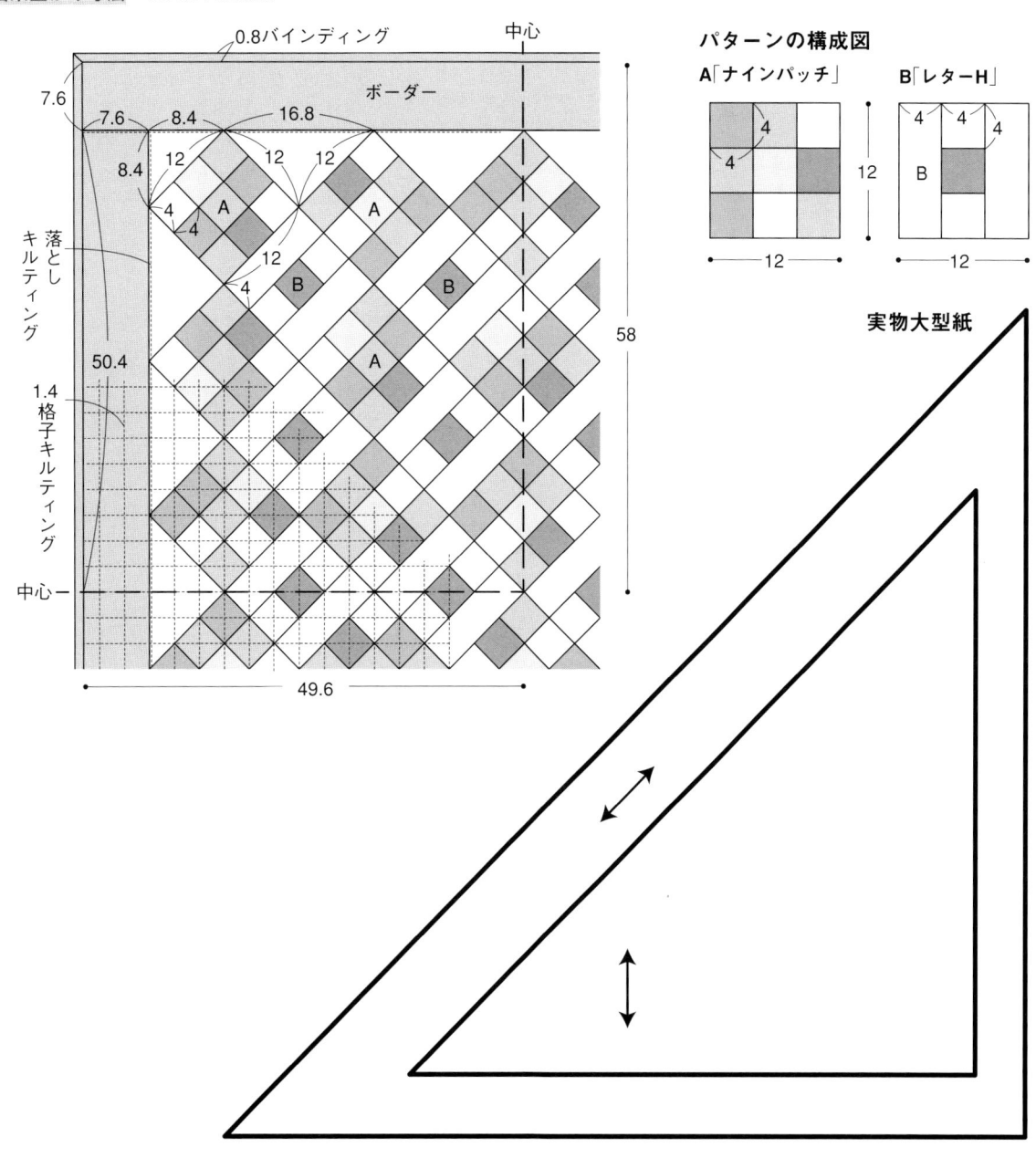

パターンの構成図

A「ナインパッチ」 **B「レターH」**

実物大型紙

材料

ピーシング用布各種
ピーシング用白無地110×20cm
後ろ用布55×30cm
キルト綿、裏打ち布各40×30cm
25×34cmヌードクッション1個

作り方のポイント

・ 外側の白無地の三角形は縦目で裁つときれいに仕上がる。

作り方

① フォーパッチのパターンを12枚作る。
② パターンと三角形の白無地を接ぎ合わせてトップをまとめる。
③ 裏打ち布、キルト綿、トップを重ね、しつけをかけてキルティングする。
④ 後ろを作る。
⑤ 前と後ろを中表に合わせて周囲を縫う。縫い代はジグザグミシンで始末する。
⑥ 表に返してヌードクッションを入れる。

出来上がり寸法　25.2×33.6cm

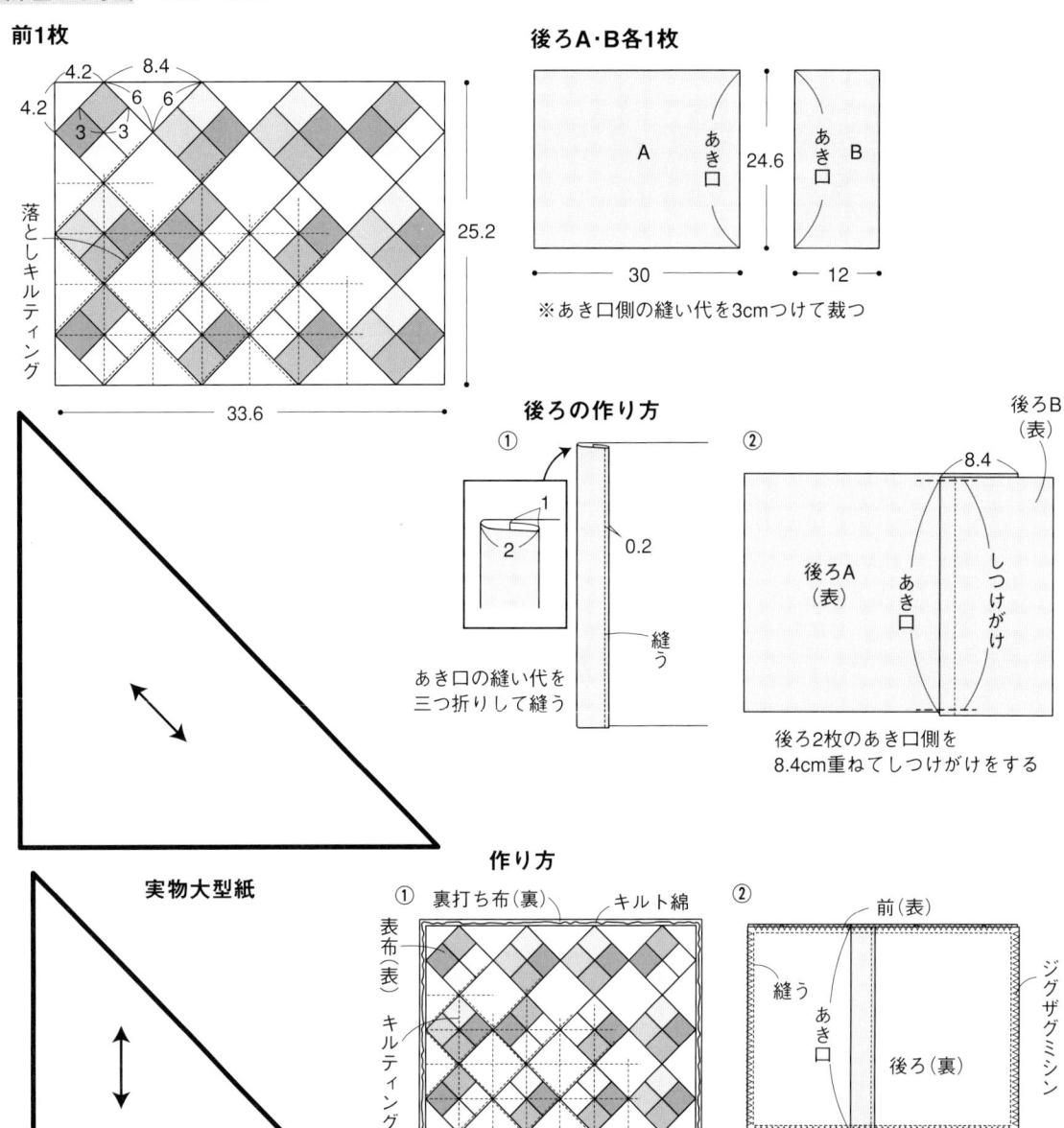

前1枚

後ろA・B各1枚

24.6

30　　12

※あき口側の縫い代を3cmつけて裁つ

後ろの作り方

① あき口の縫い代を三つ折りして縫う

② 後ろ2枚のあき口側を8.4cm重ねてしつけがけをする

実物大型紙

作り方

① ピーシングをして前のトップを作り裏にキルト綿と裏打ち布を重ねてキルティングする

② 前と後ろを中表に合わせて周囲を縫い縫い代を2枚一緒にジグザグミシンで始末する

ログキャビンのファスナーポーチ

材料

ピーシング用布各種
後ろ用布25×15cm
極薄片面接着キルト綿、裏打ち布、中袋用布各25×30cm
長さ18cmファスナー1本
口バインディング用幅3cmバイヤステープ50cm

作り方のポイント

• ファスナーつけは本体のバインディングのつけ位置とファスナーテープの織りを目安に、針目が表に響かないように星止めで縫いつける。

出来上がり寸法 10.8×20cm

作り方

① ピーシングをしてログキャビンのパターンを2枚作る。
② パターン2枚を接ぎ合わせて前のトップをまとめる。
③ トップの裏に極薄片面接着キルト綿を貼り、裏打ち布を重ねてしつけをかけてキルティングする。
④ 同様に一枚布にキルティングして後ろを作る。
⑤ 前と後ろを中表に合わせて両脇と底を縫い、口をバインディングで始末する。
⑥ 内側にファスナーを縫いつける。
⑦ 中袋も本体同様に縫い、本体と中袋を外表に合わせてファスナーにまつりつける。

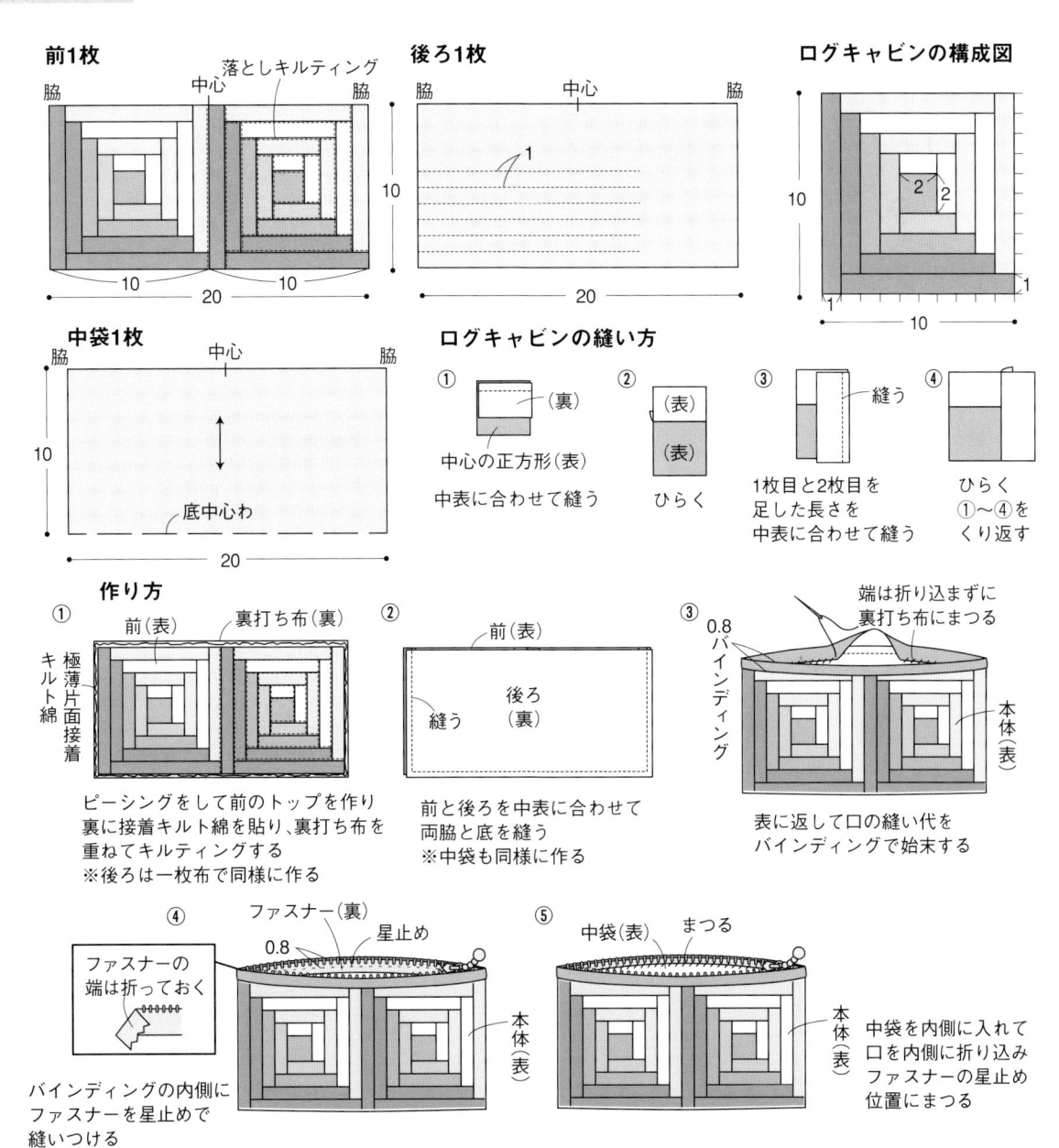

28 page　モノトーンバッグ

材料

ピーシング用布各種
底用布（口バインディング用幅4cmバイヤステープ分含む）60×60cm
持ち手用布、接着芯各30×35cm
片面接着キルト綿100×40cm
極薄片面接着キルト綿30×15cm
裏打ち布（底縫い代始末用幅4cmバイヤステープ分含む）110×60cm

作り方のポイント

・ 持ち手は傾きをつけずにまっすぐつけてもよい。

出来上がり寸法　25×36×18cm

作り方

① ピーシングをして側面のトップをまとめる。
② 側面と底のトップの裏に片面接着キルト綿を貼り、裏打ち布を重ねてしつけをかけてキルティングする。
③ 側面を中表に合わせて脇を縫って輪にし、縫い代を裏打ち布でくるんで始末する。
④ 側面と底を中表に合わせて縫い、縫い代はバイヤステープでくるんで始末する。
⑤ 口の縫い代をバインディングで始末する。
⑥ 持ち手を作る。
⑦ 持ち手を本体のバインディングのきわにミシンで縫いつける。内側の持ち手の端は本体にまつる。

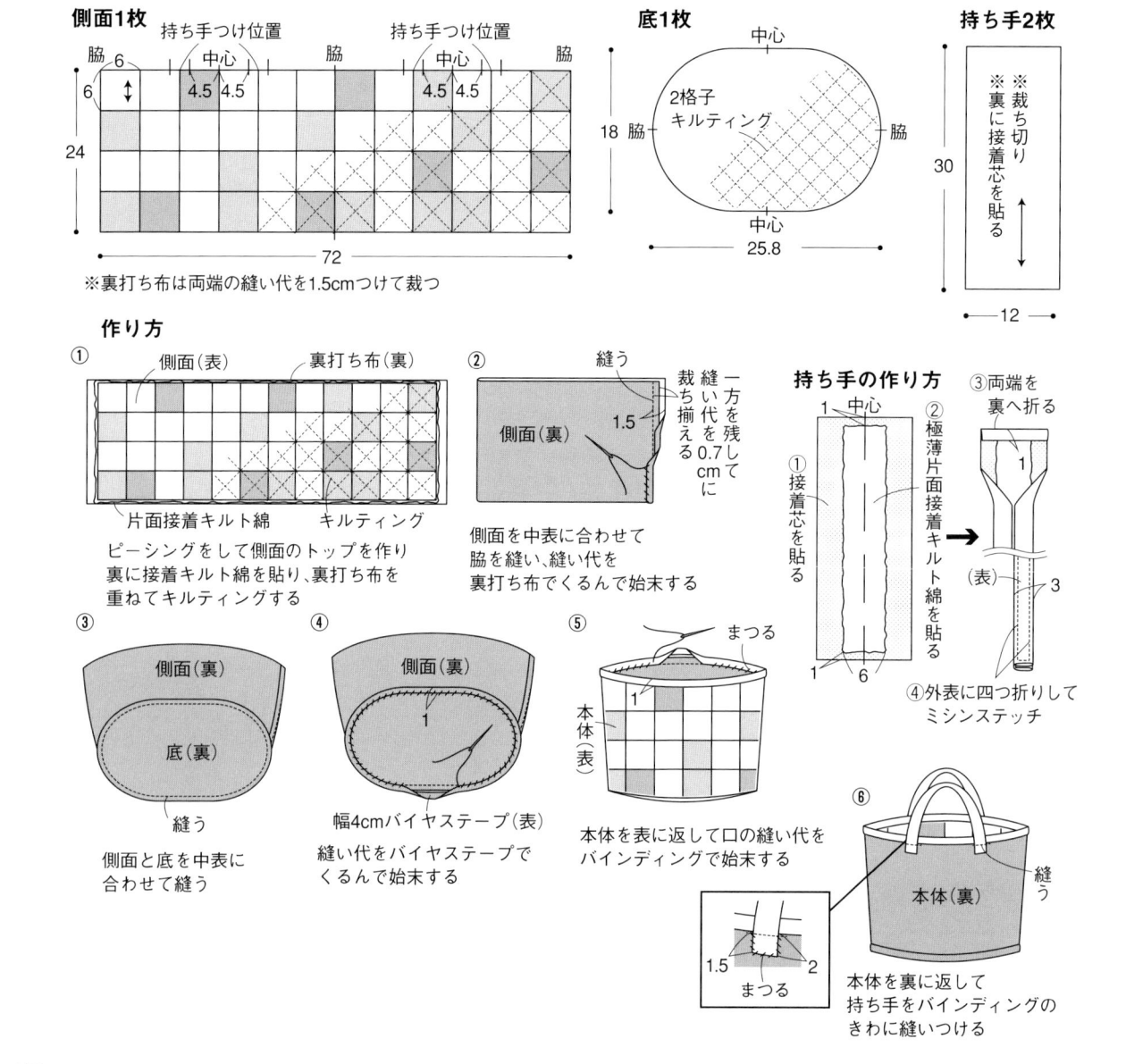

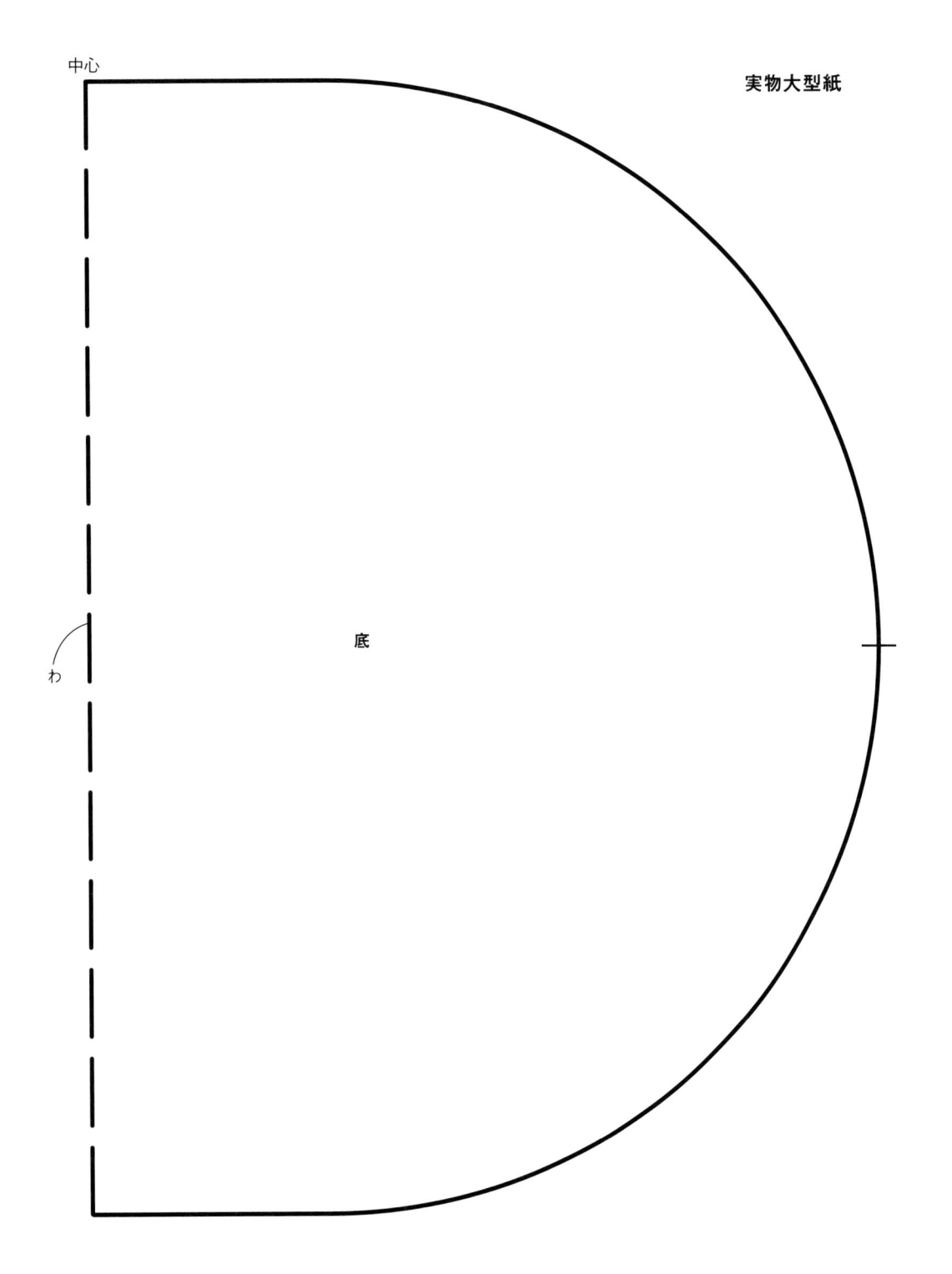

中心

実物大型紙

わ

底

材料

ピーシング用布各種

底用布（持ち手、裏打ち布、口バインディング・底縫い代始末用幅4cmバイヤステープ分含む）110×90cm

片面接着キルト綿90×80cm

極薄片面接着キルト綿20×40cm

接着芯40×40cm

作り方のポイント

- 色柄合わせで配色を見せたいときは、持ち手を内側につけてもよい。

出来上がり寸法　32.5×54×11cm

作り方

① ピーシングをして側面のトップをまとめる。

② 側面と底のトップの裏に片面接着キルト綿を貼り、裏打ち布を重ねてしつけをかけてキルティングする。

③ 側面を中表に合わせて脇を縫って輪にし、縫い代を裏打ち布でくるんで始末する。

④ 側面と底を中表に合わせて縫い、縫い代はバイヤステープでくるんで始末する。

⑤ 口の縫い代をバインディングで始末する。

⑥ 持ち手を作る。

⑦ 持ち手を本体のバインディングのきわにミシンで縫いつける。

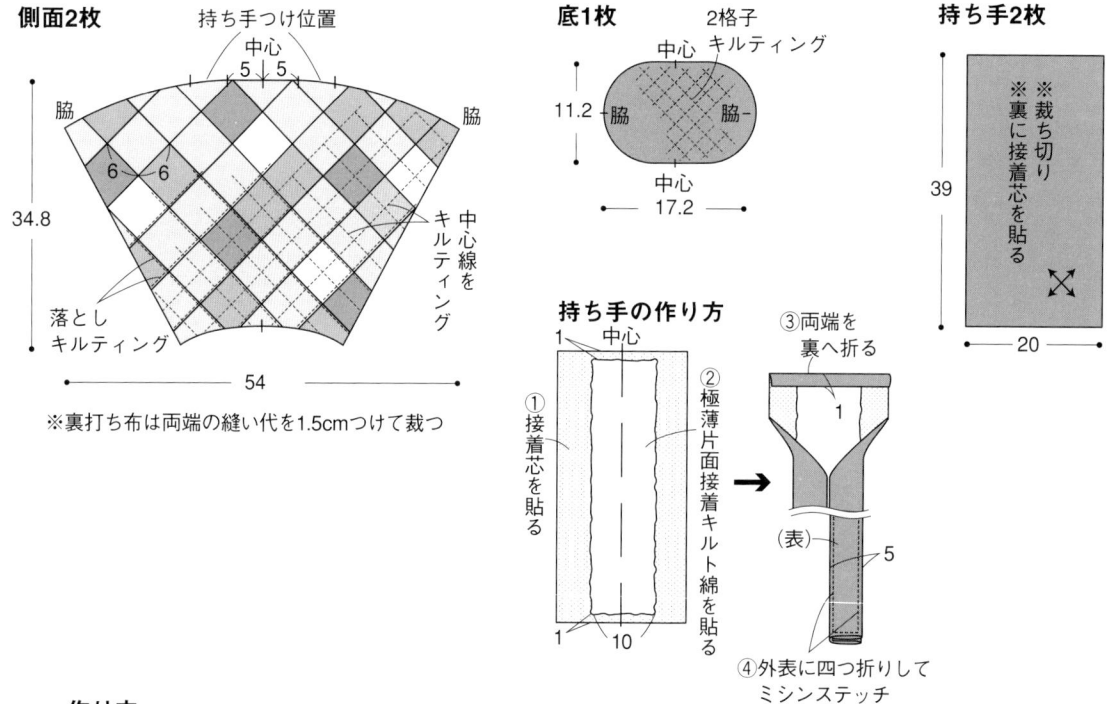

側面2枚

持ち手つけ位置　中心　5 5

脇　脇

6　6

34.8

中心線をキルティング

落としキルティング

54

※裏打ち布は両端の縫い代を1.5cmつけて裁つ

底1枚

2格子キルティング

中心　脇　脇　中心

11.2　17.2

持ち手2枚

※裁ち切り　※裏に接着芯を貼る

39　20

持ち手の作り方

1　中心

① 接着芯を貼る

② 極薄片面接着キルト綿を貼る

1　10

③ 両端を裏へ折る

1

（表）　5

④ 外表に四つ折りしてミシンステッチ

作り方

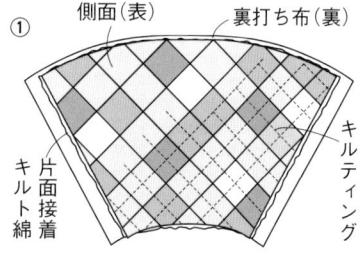

① 側面（表）　裏打ち布（裏）

片面接着キルト綿

キルティング

ピーシングをして側面のトップを作り裏に接着キルト綿を貼り、裏打ち布を重ねてキルティングする
※もう1枚も同様に作る

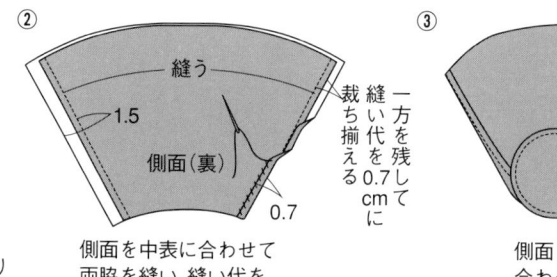

② 縫う

1.5

側面（裏）

0.7

一方を残し縫い代を0.7cmに

裁ち揃える

側面を中表に合わせて両脇を縫い、縫い代を裏打ち布でくるんで始末する

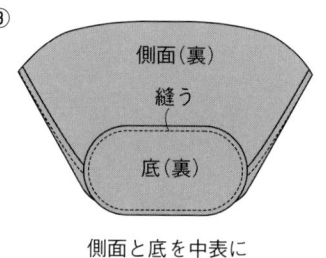

③ 側面（裏）

縫う

底（裏）

側面と底を中表に合わせて縫う

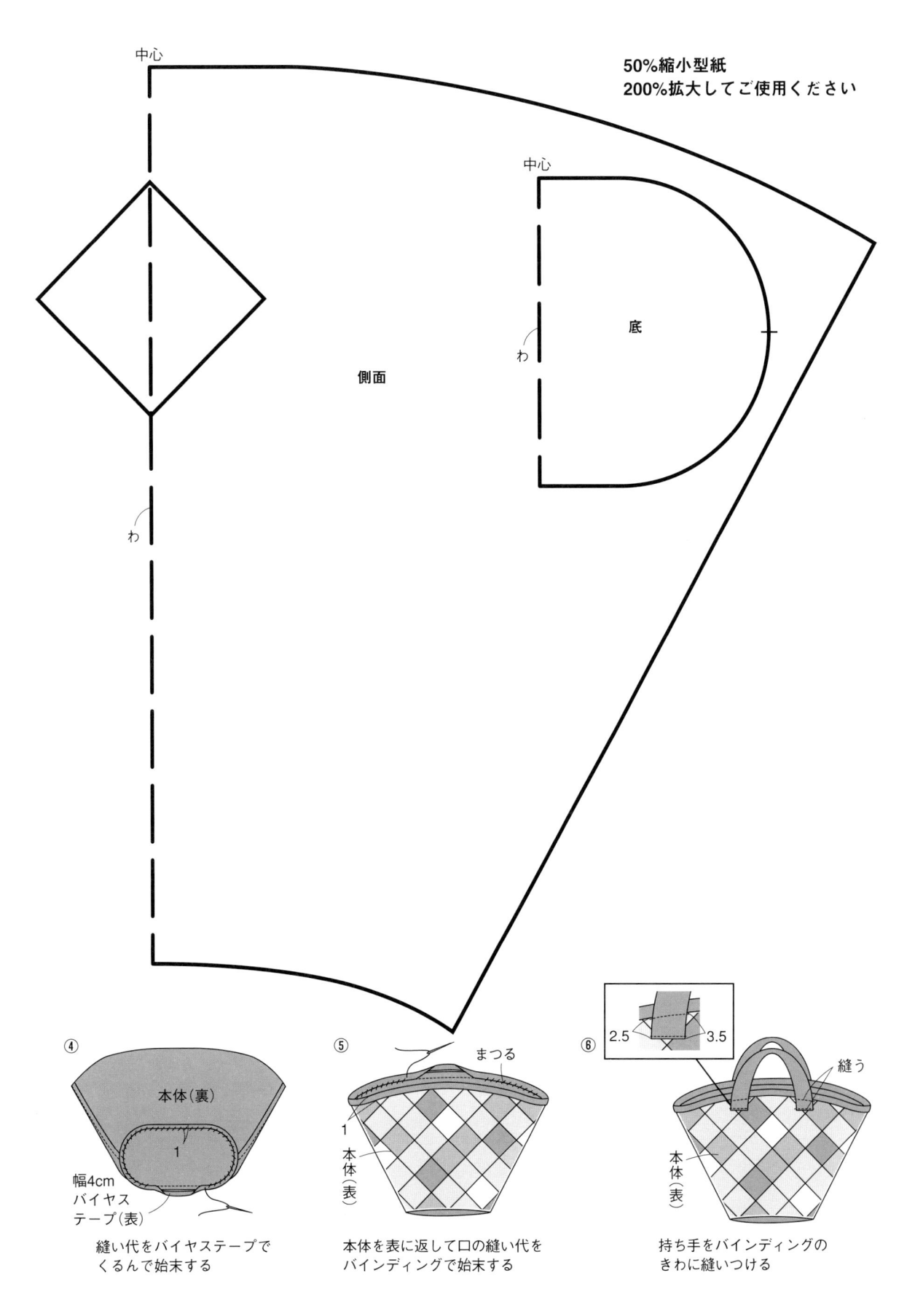

中心

50%縮小型紙
200%拡大してご使用ください

中心

側面

底

わ

わ

④ 本体（裏）

1

幅4cm
バイヤス
テープ（表）

縫い代をバイヤステープで
くるんで始末する

⑤ まつる

1
本体
（表）

本体を表に返して口の縫い代を
バインディングで始末する

⑥ 2.5　3.5

縫う

本体
（表）

持ち手をバインディングの
きわに縫いつける

材料

長方形　ピーシング用布各種
裏打ち布、片面接着キルト綿30×20cm
バインディング用幅3.5cmバイヤステープ95cm
正方形　ピーシング用布各種
裏打ち布、片面接着キルト綿20×20cm
バインディング用幅3.5cmバイヤステープ80cm
六角形　ピーシング用布各種
裏打ち布、片面接着キルト綿25×20cm
バインディング用幅3.5cmバイヤステープ70cm

作り方のポイント

- 長方形と正方形はバインディングの布とピーシングの布を揃える。裏打ち布は何でもよいが、バインディングやピーシングのうちの薄い色の布を使うときれい。

出来上がり寸法

長方形17.6×25.6cm　正方形17.6×17.6cm　六角形19.6×17.2cm

実物大型紙

作り方

① ピーシングをしてトップをまとめる。
② トップに片面接着キルト綿を貼り、裏打ち布を重ねてしつけをかけてキルティングする。
③ 周囲をバインディングで始末する。

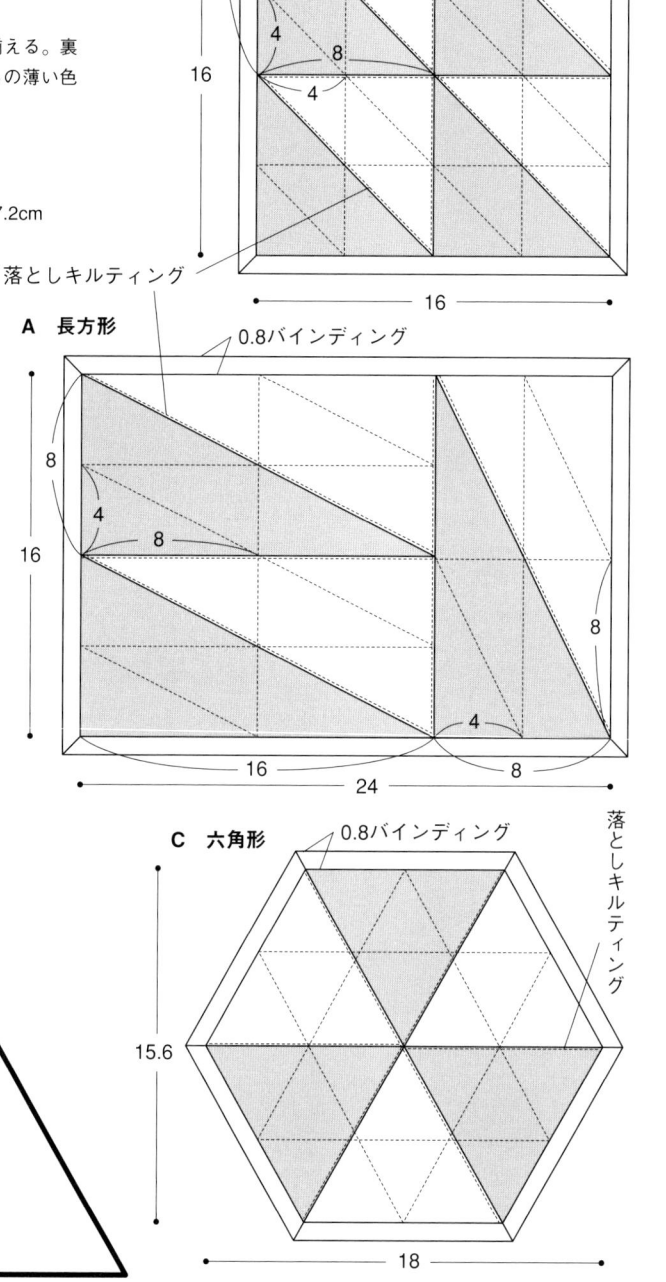

41 page　三角ピースのバッグ

材料

ピーシング用布各種
持ち手用無地（ピーシング、肩ひも分含む）70×80cm
極薄片面接着キルト綿、裏打ち布、中袋用布各90×50cm
接着芯80×20cm

出来上がり寸法　35×40×10cm

作り方

① ピーシングをして前と後ろのトップをまとめる。
② トップの裏に極薄片面接着キルト綿を貼り、裏打ち布を重ねてしつけをかけてキルティングする。
③ 前と後ろを中表に合わせて底を縫う。
④ 底を折り上げて両脇を縫い、本体を作る。
⑤ 中袋は返し口を残して本体同様に縫う。
⑥ 肩ひもと持ち手を作る。
⑦ 本体に持ち手を仮止めし、中袋を合わせて口を縫う。
⑧ 表に返して返し口をとじ、口をミシンステッチで押さえる。

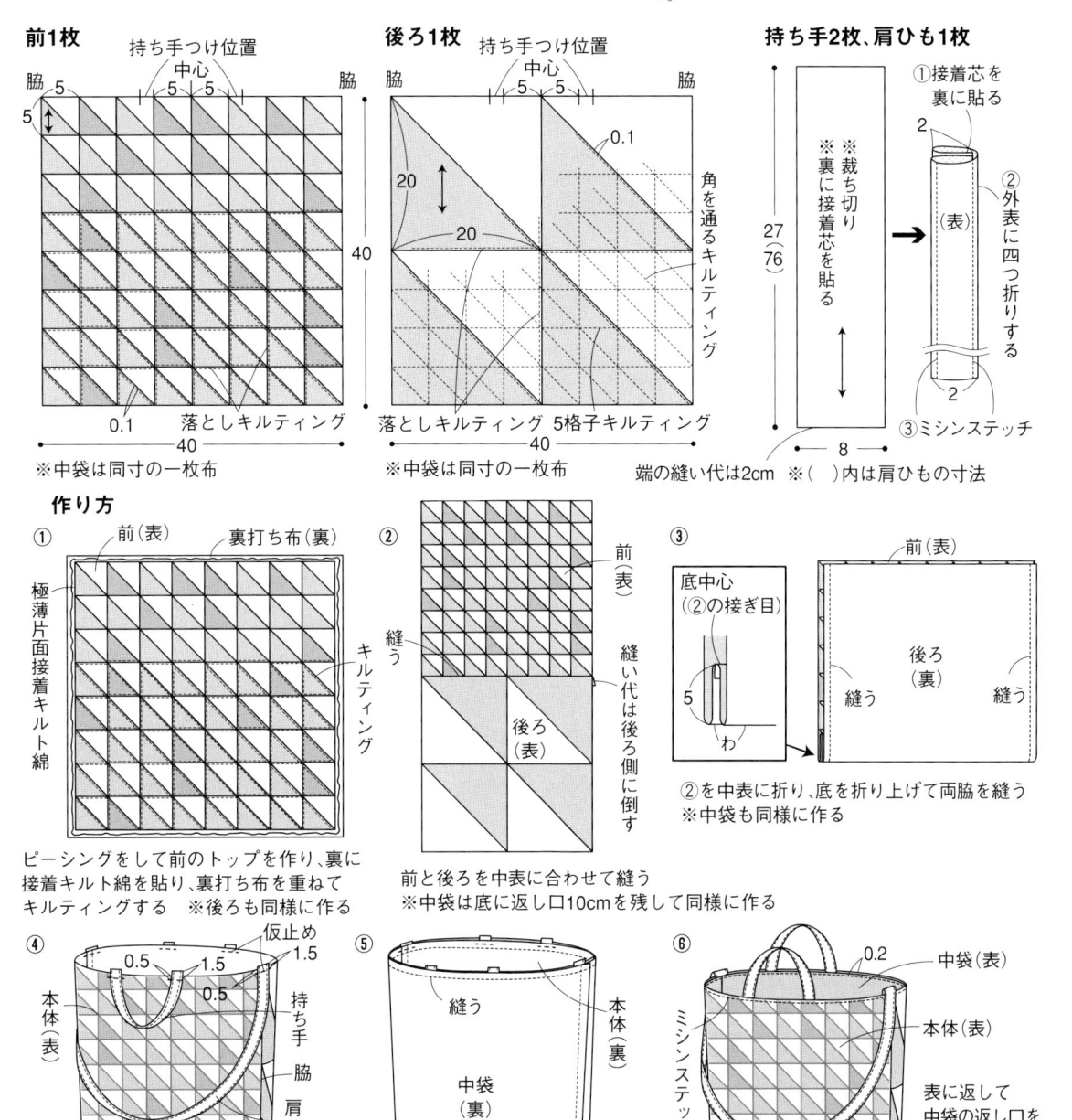

前1枚

持ち手つけ位置
中心
脇　5　　5　5　　脇
5
40
40
0.1
角を通るキルティング
落としキルティング
0.1
※中袋は同寸の一枚布

後ろ1枚

持ち手つけ位置
中心
脇　5　5　脇
20
20
0.1
40
落としキルティング　5格子キルティング
※中袋は同寸の一枚布

持ち手2枚、肩ひも1枚

①接着芯を裏に貼る
2
（表）
②外表に四つ折りする
27（76）
※裁ち切り　※裏に接着芯を貼る
2
③ミシンステッチ
8
端の縫い代は2cm　※（　）内は肩ひもの寸法

作り方

①
前（表）　　裏打ち布（裏）
極薄片面接着キルト綿
キルティング
ピーシングをして前のトップを作り、裏に接着キルト綿を貼り、裏打ち布を重ねてキルティングする　※後ろも同様に作る

②
前（表）
後ろ（表）
縫う
縫い代は後ろ側に倒す
前と後ろを中表に合わせて縫う
※中袋は底に返し口10cmを残して同様に作る

③
底中心（②の接ぎ目）
5
わ
前（表）
後ろ（裏）
縫う　　縫う
②を中表に折り、底を折り上げて両脇を縫う
※中袋も同様に作る

④
仮止め
0.5　1.5　1.5
0.5
本体（表）
持ち手
脇
肩ひも
本体を表に返して持ち手をつけ位置に肩ひもを脇に仮止めする

⑤
縫う
本体（裏）
中袋（裏）
本体と中袋を中表に重ねて口を縫う

⑥
0.2
中袋（表）
本体（表）
ミシンステッチ
表に返して中袋の返し口をまつってとじミシンステッチで口を押さえる

143

40 page　大きな正三角形のバスケット型バッグ

材料

ピーシング用布各種
底用布（持ち手、口バインディング用幅4cmバイヤステープ分含む）60×40cm
裏打ち布（底縫い代始末用幅4cmバイヤステープ分含む）110×70cm
片面接着キルト綿100×70cm
極薄片面接着キルト綿15×35cm
接着芯25×35cm

出来上がり寸法　24.5×48×10cm

作り方

① ピーシングをして側面のトップをまとめる。
② 側面と底のトップの裏に片面接着キルト綿を貼り、裏打ち布を重ねてしつけをかけてキルティングする。
③ 側面を中表に合わせて脇を縫って輪にし、縫い代を裏打ち布でくるんで始末する。
④ 側面と底を中表に合わせて縫い、縫い代はバイヤステープでくるんで始末する。
⑤ 口の縫い代をバインディングで始末する。
⑥ 持ち手を作る。
⑦ 持ち手を本体のバインディングのきわにミシンで縫いつける。内側の持ち手の端は本体にまつる。

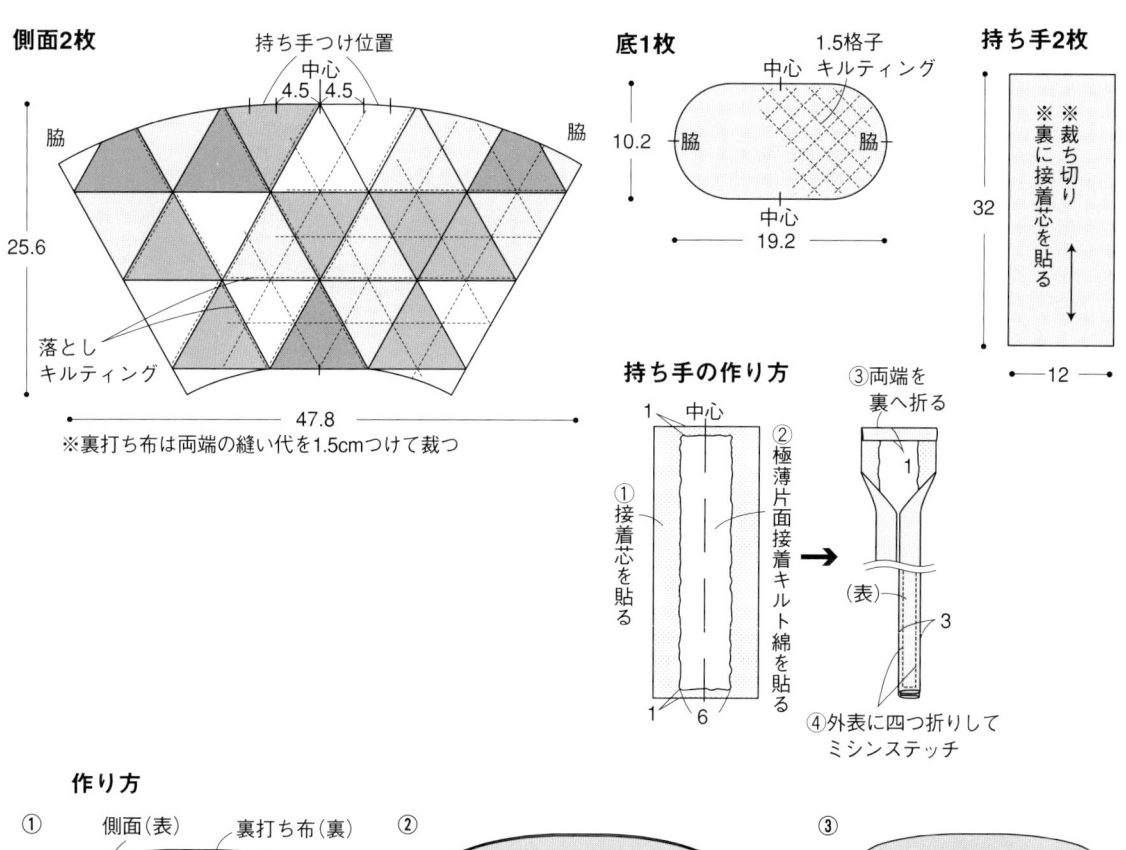

側面2枚

持ち手つけ位置
中心
4.5　4.5
脇　　脇
25.6
47.8
落としキルティング
※裏打ち布は両端の縫い代を1.5cmつけて裁つ

底1枚

1.5格子キルティング
中心
10.2　脇　　脇
中心
19.2

持ち手2枚

※裁ち切り
※裏に接着芯を貼る
32
12

持ち手の作り方

1　中心
①接着芯を貼る
②極薄片面接着キルト綿を貼る
1　6
③両端を裏へ折る
1
（表）
3
④外表に四つ折りしてミシンステッチ

作り方

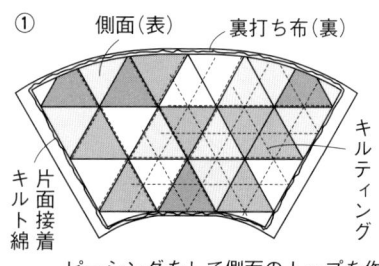

①
側面（表）　裏打ち布（裏）
片面接着キルト綿
キルティング
ピーシングをして側面のトップを作り
裏に接着キルト綿を貼り、裏打ち布を
重ねてキルティングする
※もう1枚も同様に作る

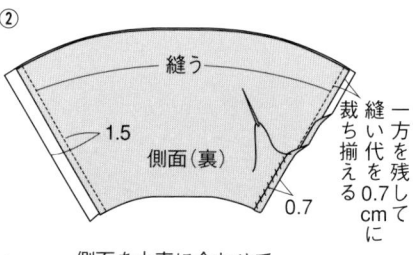

②
縫う
1.5
側面（裏）
一方を残して縫い代を0.7cmに裁ち揃える
0.7
側面を中表に合わせて
両脇を縫い、縫い代を
裏打ち布でくるんで始末する

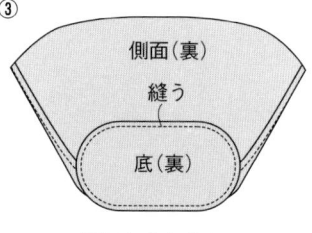

③
側面（裏）
縫う
底（裏）
側面と底を中表に
合わせて縫う

144

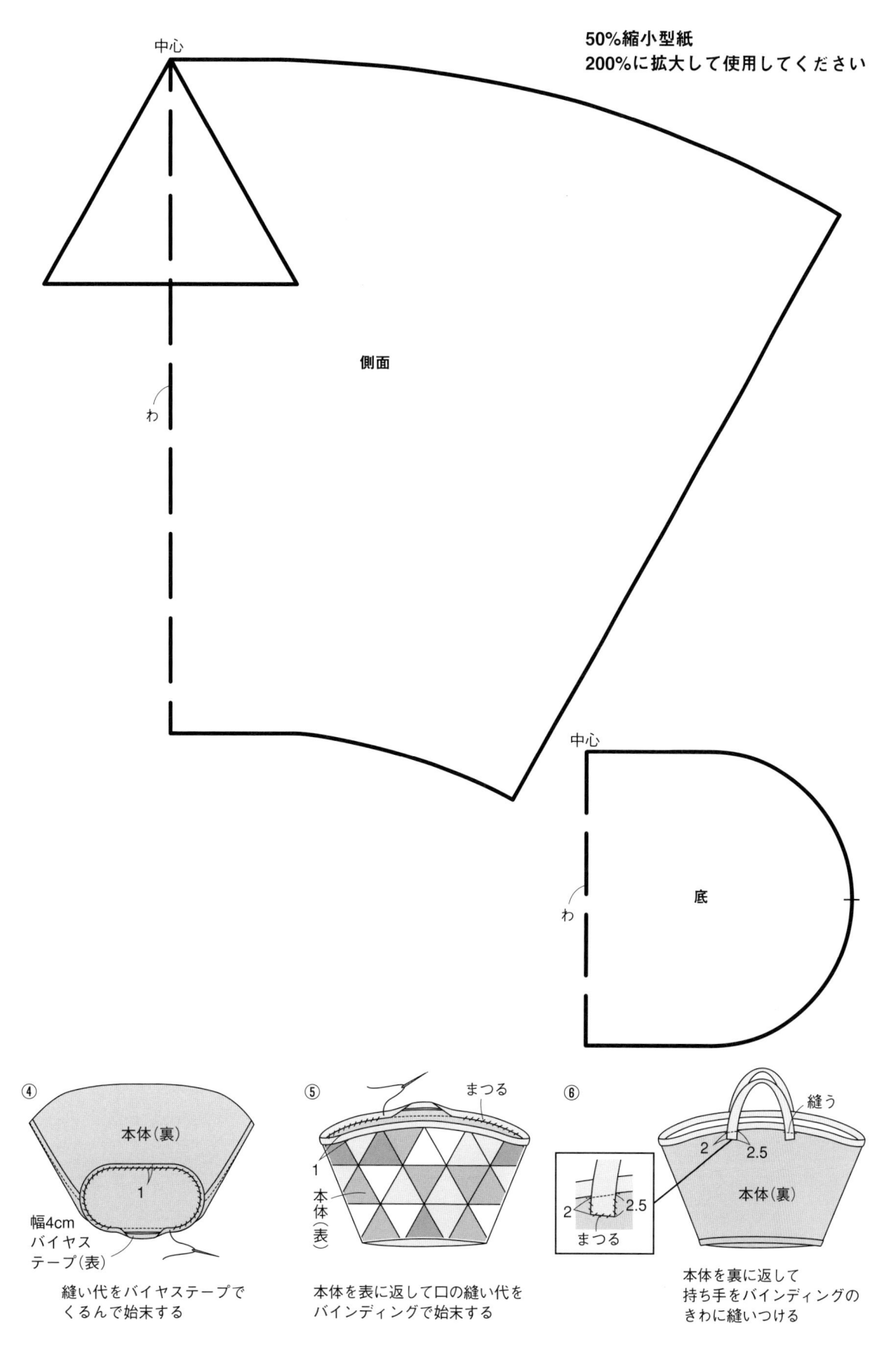

中心

側面

わ

中心

底

わ

④ 本体（裏）

1

幅4cm
バイヤス
テープ（表）

縫い代をバイヤステープで
くるんで始末する

⑤ まつる

1
本体（表）

本体を表に返して口の縫い代を
バインディングで始末する

⑥ 縫う

2　　2.5

本体（裏）

2　　2.5

まつる

本体を裏に返して
持ち手をバインディングの
きわに縫いつける

145

45 page　長方形を分割した三角形のクッション

材料

共通　ピーシング用布各種
後ろ用布65×45cm
裏打ち布、片面接着キルト綿45×45cm
40cm角ヌードクッション1個

作り方のポイント

・ 後ろの作り方と仕立て方は131ページ参照。
・ 後ろは前のピーシングの布と揃えるとよい。

出来上がり寸法　40×40cm

作り方

① ピーシングをして前のトップをまとめる。
② トップに片面接着キルト綿を貼り、裏打ち布を重ねてしつけをかけてキルティングする。
③ 後ろを作る。
④ 前と後ろを中表に合わせて周囲を縫い、縫い代をジグザグミシンで始末する。
⑤ 表に返してヌードクッションを入れる。

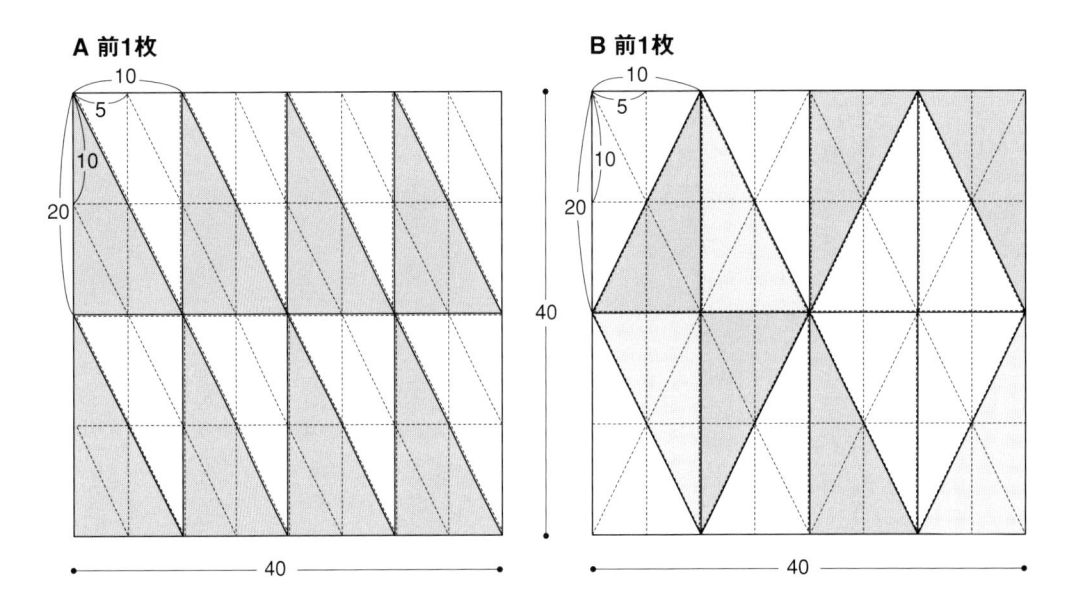

A 前1枚

B 前1枚

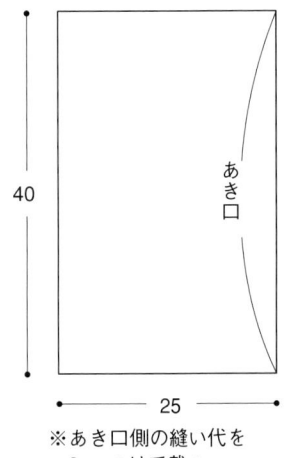

後ろ2枚

※あき口側の縫い代を
3cmつけて裁つ

46 page　大きい小さい三角形のクッション

材料

A　茶ピーシング用布2種各適宜
青ピーシング用布（後ろ分含む）80×70cm
裏打ち布、片面接着キルト綿45×45cm
40cm角ヌードクッション1個
B　ピーシング用布各種
後ろ用布65×45cm
裏打ち布、片面接着キルト綿45×45cm
40cm角ヌードクッション1個

作り方のポイント

- 後ろの作り方と仕立て方は131ページ参照。
- 後ろは前のピーシングの布と揃える。

出来上がり寸法　40×40cm

作り方

① ピーシングをして前のトップをまとめる。
② トップに片面接着キルト綿を貼り、裏打ち布を重ねてしつけをかけてキルティングする。
③ 後ろを作る。
④ 前と後ろを中表に合わせて周囲を縫い、縫い代をジグザグミシンで始末する。
⑤ 表に返してヌードクッションを入れる。

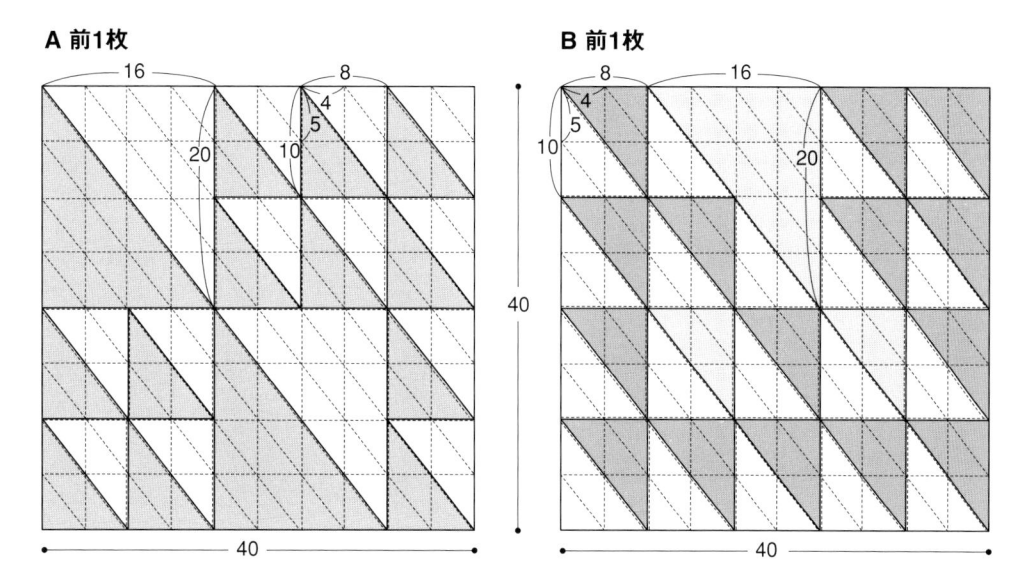

A 前1枚

16　8　4　5　20　10　40　40

B 前1枚

8　16　4　5　10　20　40　40

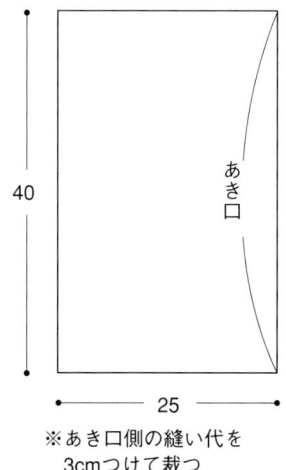

後ろ2枚

40　あき口　25

※あき口側の縫い代を
3cmつけて裁つ

アルファベットがポイントの巾着

材料

共通 ピーシング用布各種
本体用布（口布、ひも分含む）90×40cm
中袋用布、接着芯各50×30cm

作り方のポイント

- アルファベットはピーシングのほうがきれいに仕上がる。48〜49ページは1辺2.2cmの市販品のダイヤモンド形ペーパーライナーを半分にカットして使用。

出来上がり寸法　29×21cm

作り方

① ピーシングをしてアルファベットのパターンを作る。
② 前と後ろに接着芯を貼り、本体前にアルファベットをアップリケする。
③ 前と後ろを中表に合わせて脇と底を縫う。中袋も同様に縫う。
④ 口布を作る。
⑤ 本体と中袋を外表に合わせ、口布を中表に合わせて口を縫う。
⑥ 口布を内側に折り返してひも通しを縫い、縫い代を折り込んで縫う。
⑦ ひもを作り、ひもを通す。

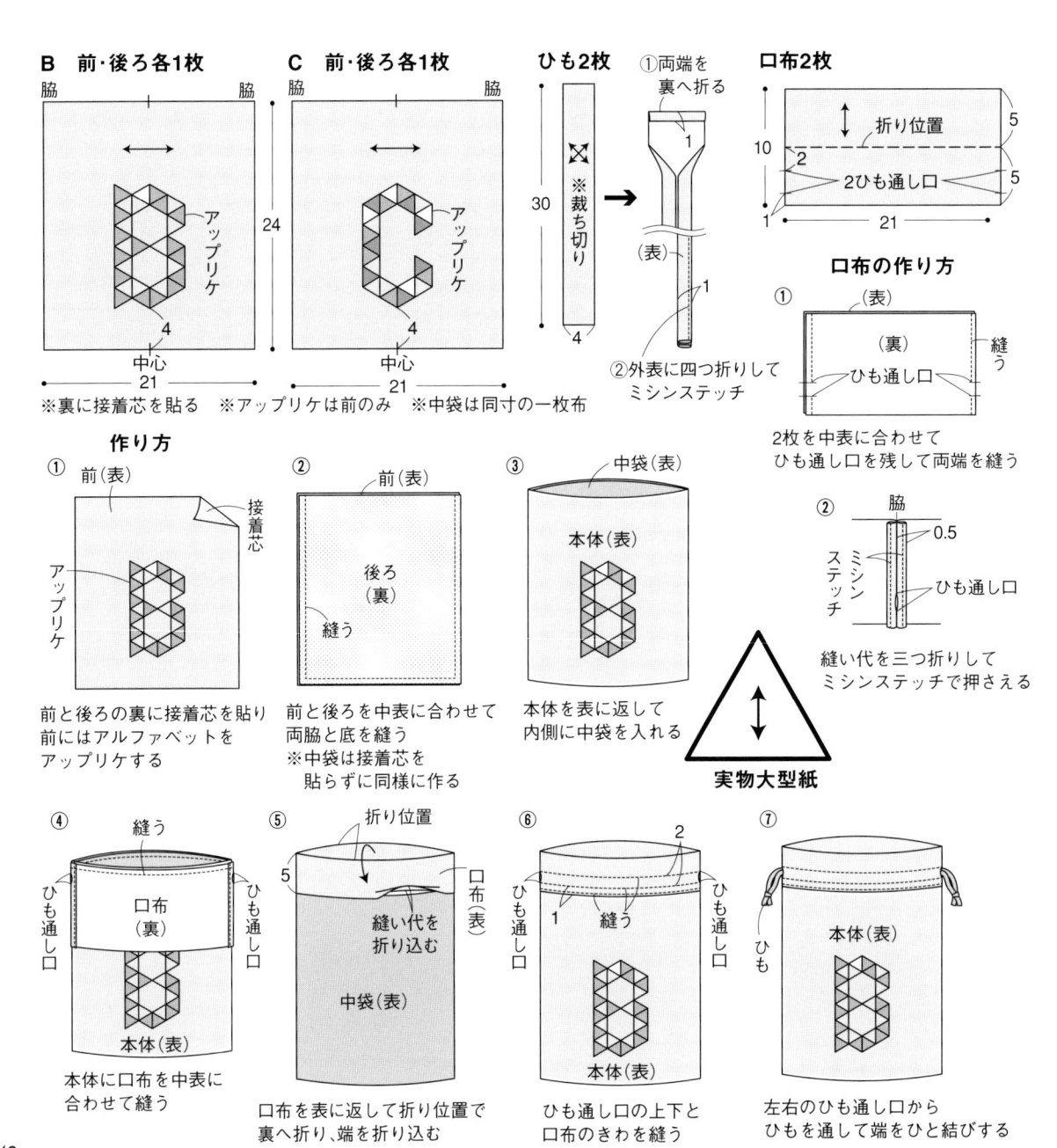

材料

共通　ピーシング用布各種
後ろ用布（ピーシング用水色または黄緑無地分含む）　90×50cm
キルト綿、裏打ち布各40×40cm
34.5cm角ヌードクッション1個

作り方のポイント

- ペーパーライナーの縫い方は52ページ参照。1辺2.2cmのペーパーラ
イナーを使用。

作り方

① ピーシングをして前のトップをまとめる。
② 裏打ち布、キルト綿、トップを重ね、しつけをかけてキルティングする。
③ 後ろを作る。
④ 前と後ろを中表に合わせて周囲を縫い、縫い代はジグザグミシンで始末する。
⑤ 表に返してヌードクッションを入れる。

出来上がり寸法　34.3×34.3cm

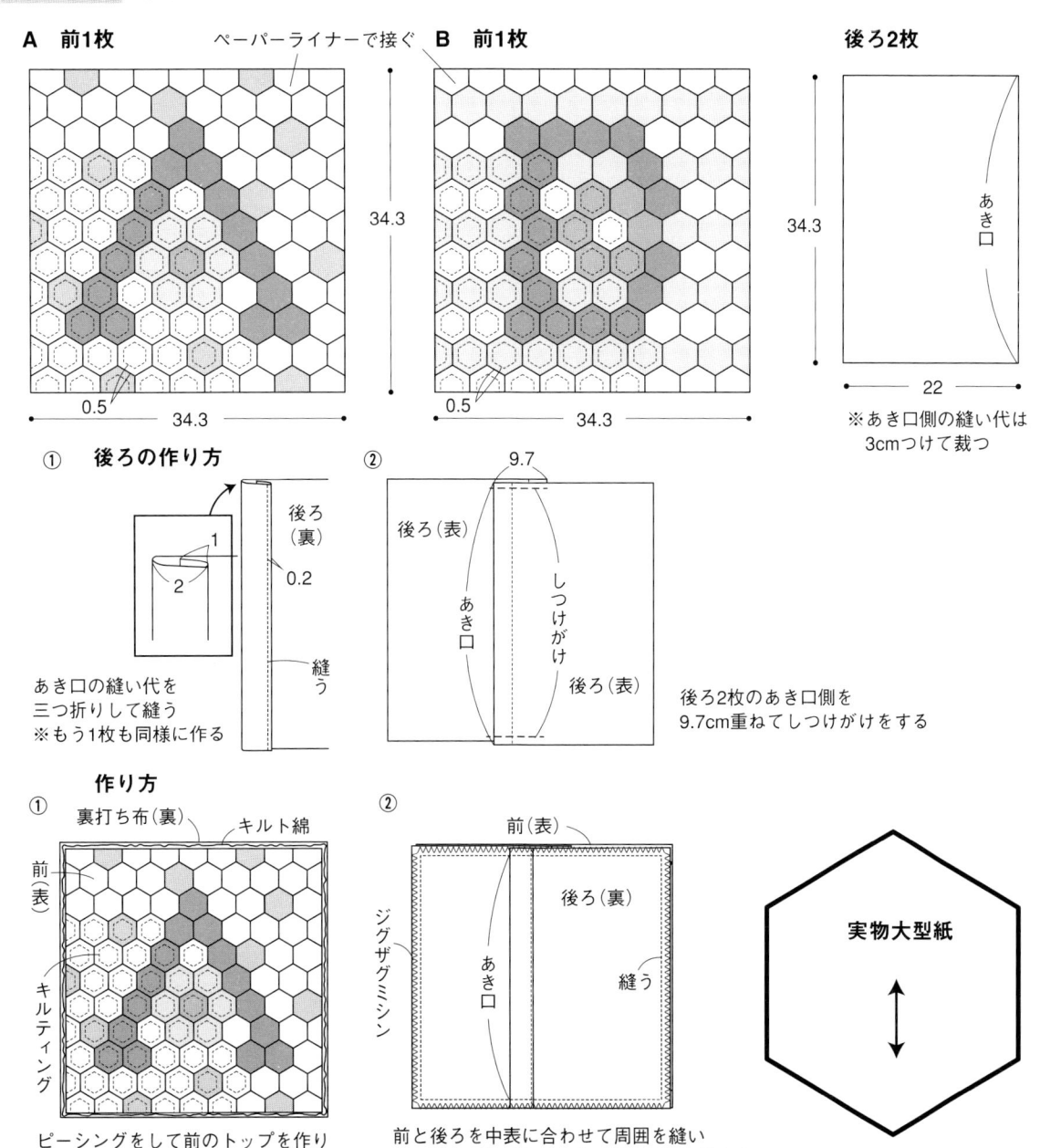

A　前1枚　ペーパーライナーで接ぐ
34.3
0.5　34.3

B　前1枚
34.3
0.5　34.3

後ろ2枚
34.3
22
※あき口側の縫い代は
3cmつけて裁つ

① 後ろの作り方
後ろ（裏）
1
2
0.2
縫う
あき口の縫い代を
三つ折りして縫う
※もう1枚も同様に作る

②
9.7
後ろ（表）
あき口
しつけがけ
後ろ（表）
後ろ2枚のあき口側を
9.7cm重ねてしつけがけをする

作り方

①
裏打ち布（裏）　キルト綿
前（表）
キルティング
ピーシングをして前のトップを作り
キルト綿と裏打ち布を重ねて
キルティングする

②
前（表）
後ろ（裏）
ジグザグミシン
あき口
縫う
前と後ろを中表に合わせて周囲を縫い
縫い代を2枚一緒にジグザグミシンで始末する

実物大型紙

53 page　大きな六角形のバッグ

材料

ピーシング用布各種
底用布 20×20cm
持ち手用布 (裏打ち布、口バインディング・底縫い代始末用幅4cmバイヤ
ステープ分含む) 110×80cm
片面接着キルト綿 70×70cm
極薄片面接着キルト綿 20×40cm
接着芯 40×40cm

出来上がり寸法　30×44×14.5cm

作り方

① ピーシングをして側面のトップをまとめる。
② 側面と底のトップの裏に片面接着キルト綿を貼り、裏打ち布を重ねてしつけをかけてキルティングする。
③ 側面を中表に合わせて脇を縫って輪にし、縫い代を裏打ち布でくるんで始末する。
④ 側面と底を中表に合わせて縫い、縫い代はバイヤステープでくるんで始末する。
⑤ 口の縫い代をバインディングで始末する。
⑥ 持ち手を作る。
⑦ 持ち手を本体のバインディングのきわにミシンで縫いつける。内側の持ち手の端は本体にまつる。

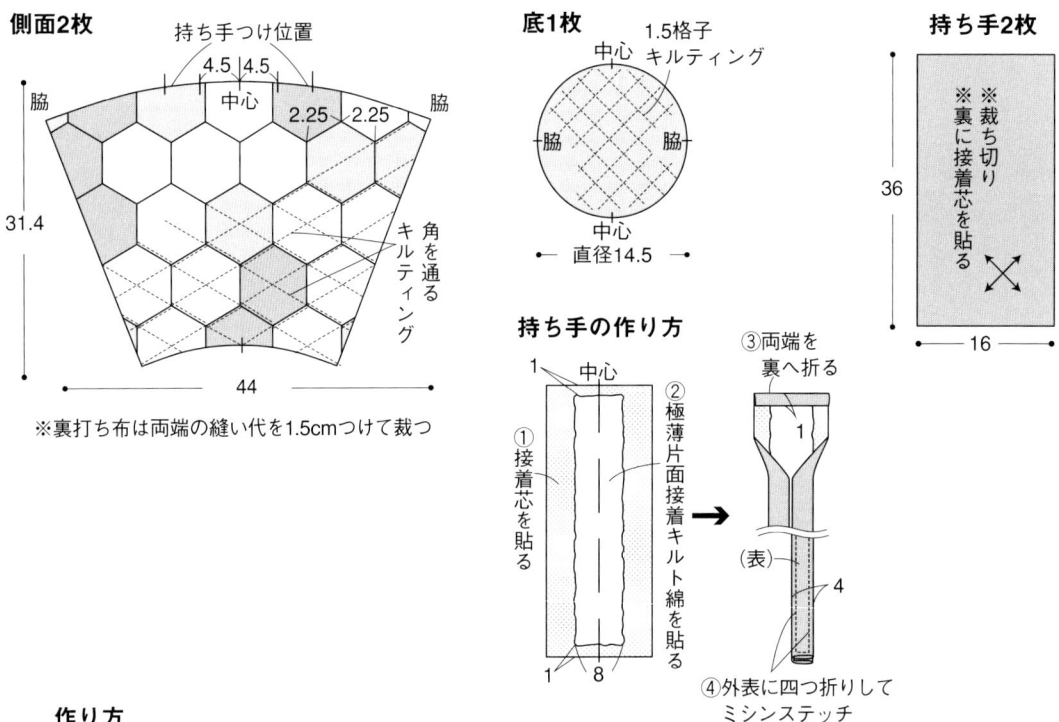

側面2枚

持ち手つけ位置
4.5　4.5
中心
2.25　2.25
脇　　脇
31.4
44
角を通るキルティング
※裏打ち布は両端の縫い代を1.5cmつけて裁つ

底1枚

1.5格子キルティング
中心
脇　脇
中心
← 直径14.5 →

持ち手2枚

※裁ち切り
※裏に接着芯を貼る
36
16

持ち手の作り方

1　中心
①接着芯を貼る
②極薄片面接着キルト綿を貼る
1　8
③両端を裏へ折る
1
(表)
4
④外表に四つ折りしてミシンステッチ

作り方

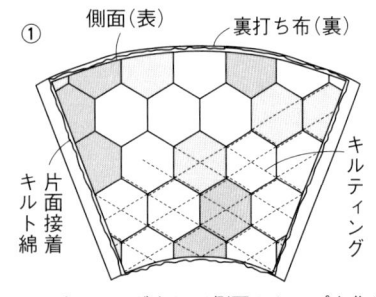

①
側面(表)　裏打ち布(裏)
片面接着キルト綿
キルティング
ピーシングをして側面のトップを作り裏に接着キルト綿を貼り、裏打ち布を重ねてキルティングする
※もう1枚も同様に作る

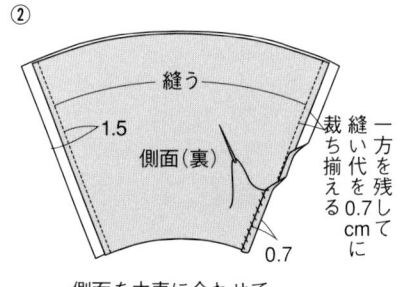

②
縫う
1.5
側面(裏)
裁ち揃える 0.7cmに
一方を残して縫い代を0.7cmに
0.7
側面を中表に合わせて両脇を縫い、縫い代を裏打ち布でくるんで始末する

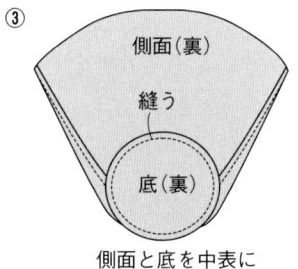

③
側面(裏)
縫う
底(裏)
側面と底を中表に合わせて縫う

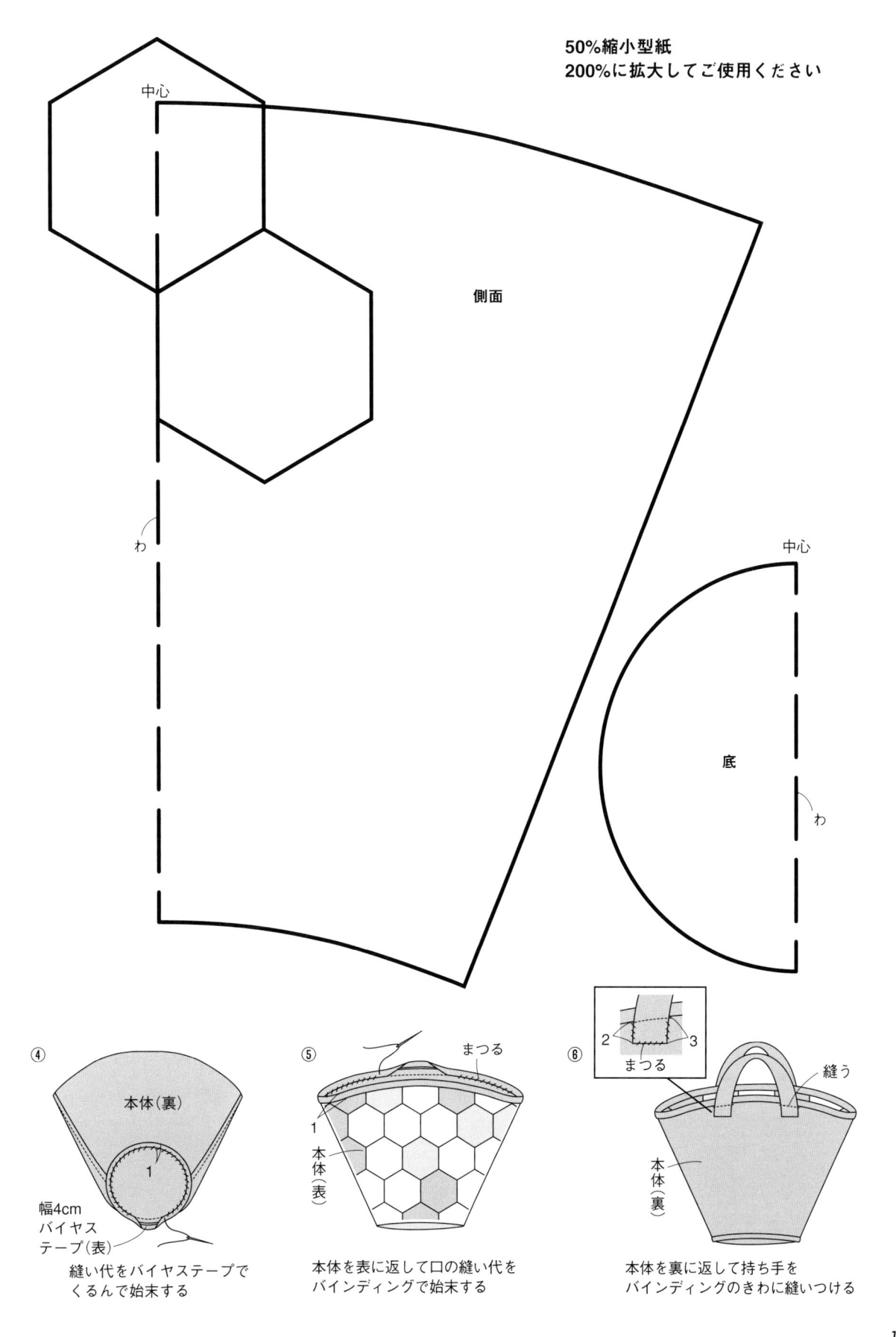

50%縮小型紙
200%に拡大してご使用ください

中心

側面

わ

中心

底

わ

④ 本体(裏)

幅4cm
バイヤス
テープ(表)

縫い代をバイヤステープで
くるんで始末する

⑤ まつる

1

本体
(表)

本体を表に返して口の縫い代を
バインディングで始末する

⑧

2　3

まつる

縫う

本体(裏)

本体を裏に返して持ち手を
バインディングのきわに縫いつける

151

材料

ピーシング用布3種各110×100cm
バインディング用幅3.5cmバイヤステープ用布（ピーシング用白無地分含む）110×150cm
片面接着キルト綿、裏打ち布各90×110cm

作り方のポイント

・ 上下のFの三角形のピースは縦目に裁つときれいに仕上がる。

作り方

①「パターンの分割の種類」を参照してピーシングをし、トップをまとめる。
②裏打ち布、片面接着キルト綿、トップを重ね、しつけをかけてキルティングする。
③周囲をバインディングで始末する。

出来上がり寸法　100.6×79.5cm

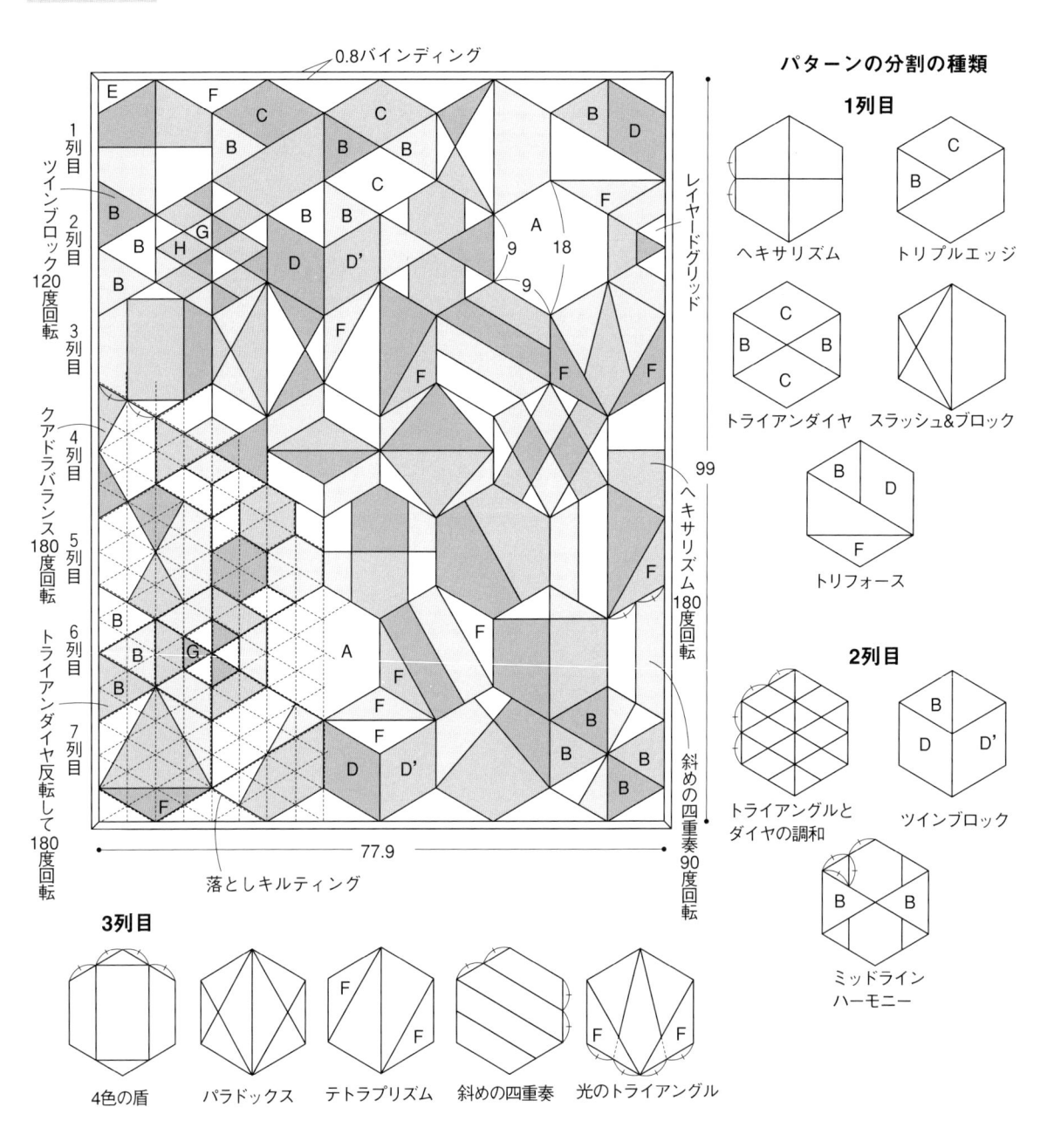

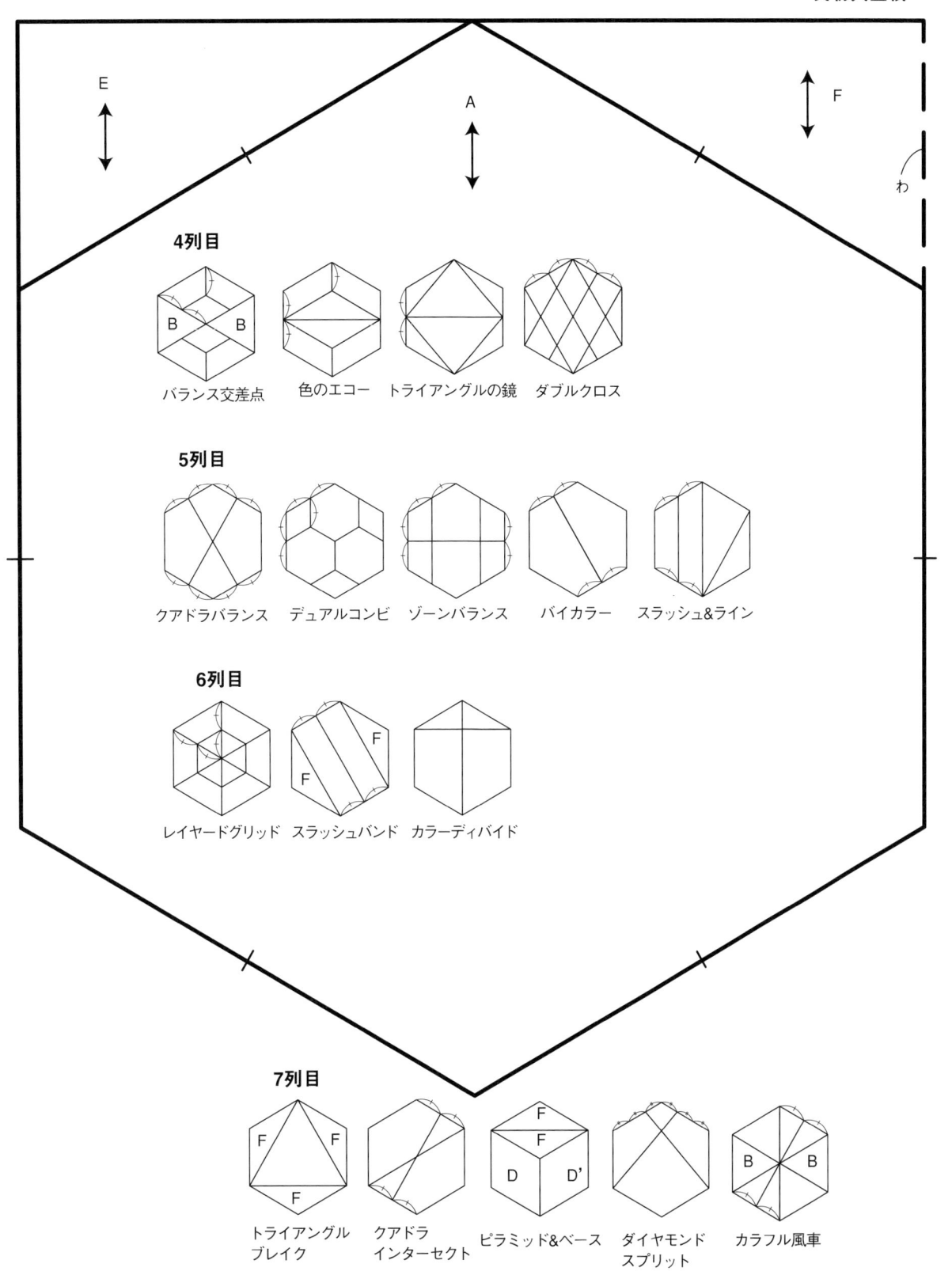

61 page　**イヌのアップリケのミニバッグ**

材料

ピーシング用布各種
本体用麻布、中袋用布各50×30cm
持ち手用黒無地（ピーシング分含む）20×35cm
接着芯70×35cm

作り方のポイント

- ペーパーライナーの縫い方は52ページ参照。1辺1cmのペーパーライナーを使用。

作り方

① ピーシングをしてイヌのパターンを作る。
② 前と後ろの裏に接着芯を貼り、前にイヌをアップリケする。
③ 前と後ろを中表に合わせて脇と底を縫い、本体を作る。
④ 中袋は底に返し口を残して本体同様に縫う。
⑤ 持ち手を作る。
⑥ 本体に持ち手を仮止めし、本体と中袋を中表に合わせて口を縫う。
⑦ 表に返して返し口をとじる。

出来上がり寸法　20×20cm

前・後ろ各1枚

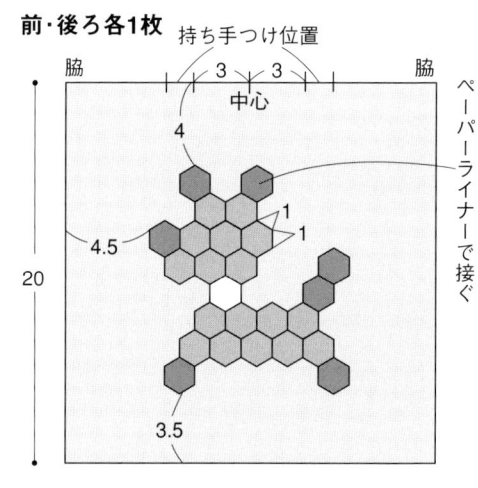

持ち手つけ位置
脇　3　3　脇
中心
4
4.5
1
1
20
3.5
20
ペーパーライナーで接ぐ

実物大型紙

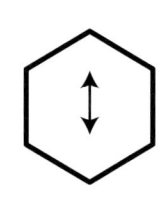

※裏に接着芯を貼る
※アップリケは前のみ
※中袋は同寸の一枚布

持ち手2枚

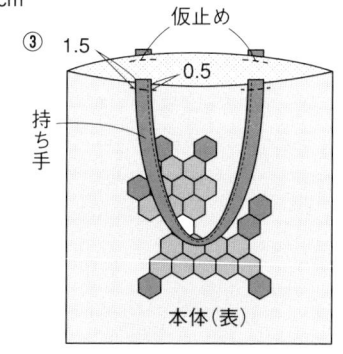

①接着芯を裏に貼る
1.5
（表）
②外表に四つ折りする
1.5
③ミシンステッチ
27
※裁ち切り
※裏に接着芯を貼る
6
端の縫い代は2cm

---

① **作り方**

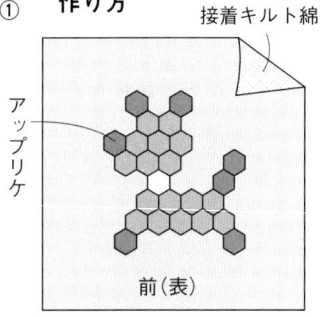

接着キルト綿
アップリケ
前（表）

裏に接着芯を貼り、前にイヌをアップリケする

②

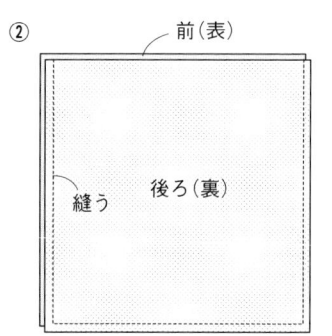

前（表）
後ろ（裏）
縫う

前と後ろを中表に合わせて両脇と底を縫う
※中袋は接着芯を貼らずに底に返し口10cmを残して同様に作る

③

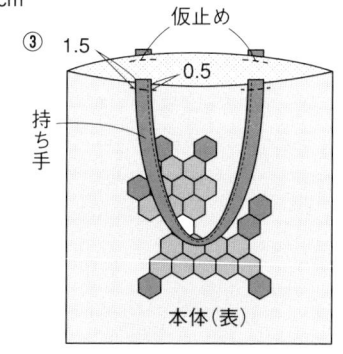

仮止め
1.5
0.5
持ち手
本体（表）

本体を表に返して持ち手をつけ位置に仮止めする

④

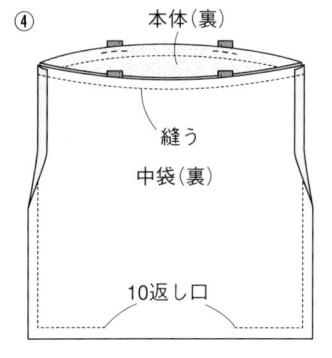

本体（裏）
縫う
中袋（裏）
10返し口

本体と中袋を中表に重ねて口を縫う

⑤

中袋（表）
本体（表）

表に返して中袋の返し口をまつってとじ
本体の内側に収める

ドットアップリケのペタンコバッグ

材料

アップリケ用布各種
本体用麻布（持ち手分含む）110×65cm
中袋用布75×45cm
接着芯70×90cm

作り方のポイント

• 丸のアップリケの縫い方は67ページ参照。

出来上がり寸法　37×33cm

作り方

① 前と後ろの裏に接着芯を貼る。

② 前に円のアップリケをする。

③ 前と後ろを中表に合わせて脇と底を縫い、本体を作る。

④ 中袋は底に返し口を残して本体同様に縫う。

⑤ 持ち手と肩ひもを作る。

⑥ 本体に持ち手と肩ひもを仮止めし、中袋を中表に合わせて口を縫う。

⑦ 表に返して返し口をとじる。

前・後ろ各1枚

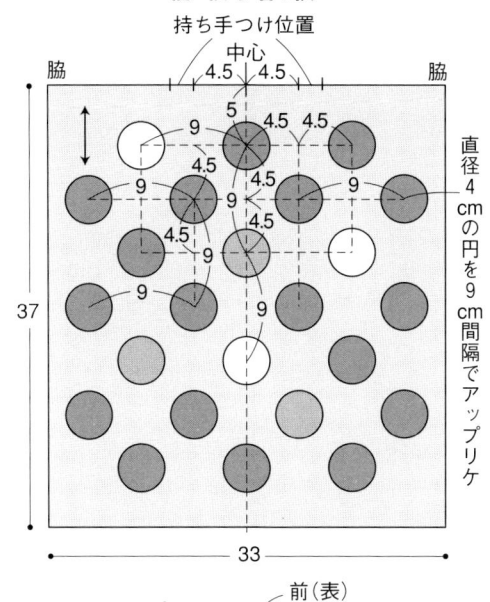

持ち手つけ位置
中心
4.5　4.5
脇　　　　脇
5
4.5　4.5
9　　9
4.5　4.5
9　　　9
9
4.5　4.5
9
直径4cmの円を9cm間隔でアップリケ
37
33

※裏に接着芯を貼る
※アップリケは前のみ
※中袋は同寸の一枚布

持ち手・肩ひも各2枚

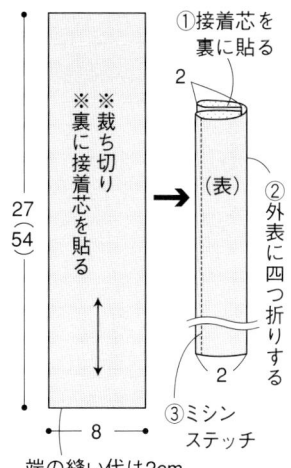

①接着芯を裏に貼る
2
※裁ち切り
※裏に接着芯を貼る
27（54）
（表）
②外表に四つ折りする
2
③ミシンステッチ
8
端の縫い代は2cm
※（　）内は肩ひもの寸法

① **作り方**

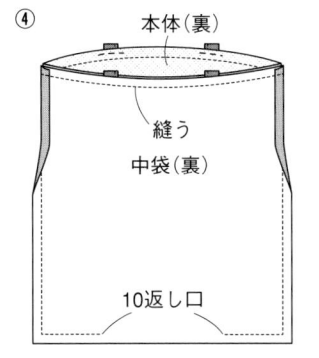

接着芯
前（表）
アップリケ
型紙を当ててぐし縫いし引き絞る
裏に接着芯を貼り、前に形を整えた円をアップリケする

②

前（表）
後ろ（裏）
縫う
前と後ろを中表に合わせて両脇と底を縫う
※中袋は接着芯を貼らずに底に返し口10cmを残して同様に作る

③

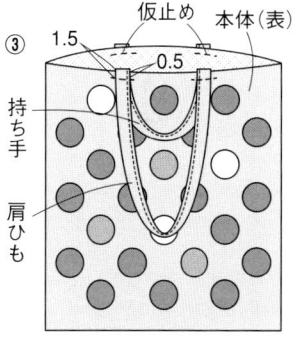

仮止め
本体（表）
1.5
0.5
持ち手
肩ひも
本体を表に返して持ち手と肩ひもをつけ位置に仮止めする

④

本体（裏）
縫う
中袋（裏）
10返し口
本体と中袋を中表に重ねて口を縫う

⑤

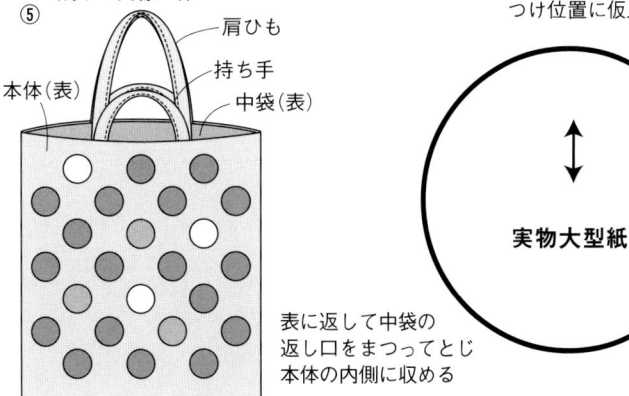

肩ひも
持ち手
本体（表）
中袋（表）
表に返して中袋の返し口をまつってとじ本体の内側に収める

実物大型紙

64 page　六角形のバケツ型バッグ

材料

ピーシング用布各種
底用布（持ち手、口バインディング用幅3.5cmバイヤステープ分含む）60×50cm
接着芯25×35cm
片面接着キルト綿100×30cm
極薄片面接着キルト綿15×30cm
裏打ち布（縫い代始末用幅4cmバイヤステープ分含む）110×50cm

作り方のポイント

・ ペーパーライナーの縫い方は52ページ参照。1辺2.6cmのペーパーライナーを使用。

出来上がり寸法　23×29×18.5cm

作り方

① ピーシングをして側面のトップをまとめる。
② 側面と底のトップの裏に片面接着キルト綿を貼り、裏打ち布を重ねてしつけをかけてキルティングする。
③ 側面を中表に合わせて脇を縫って輪にし、縫い代を裏打ち布でくるんで始末する。
④ 側面と底を中表に合わせて縫い、縫い代はバイヤステープでくるんで始末する。
⑤ 口の縫い代をバインディングで始末する。
⑥ 持ち手を作る。
⑦ 持ち手を本体のバインディングのきわにミシンで縫いつける。内側の持ち手の端は本体にまつる。

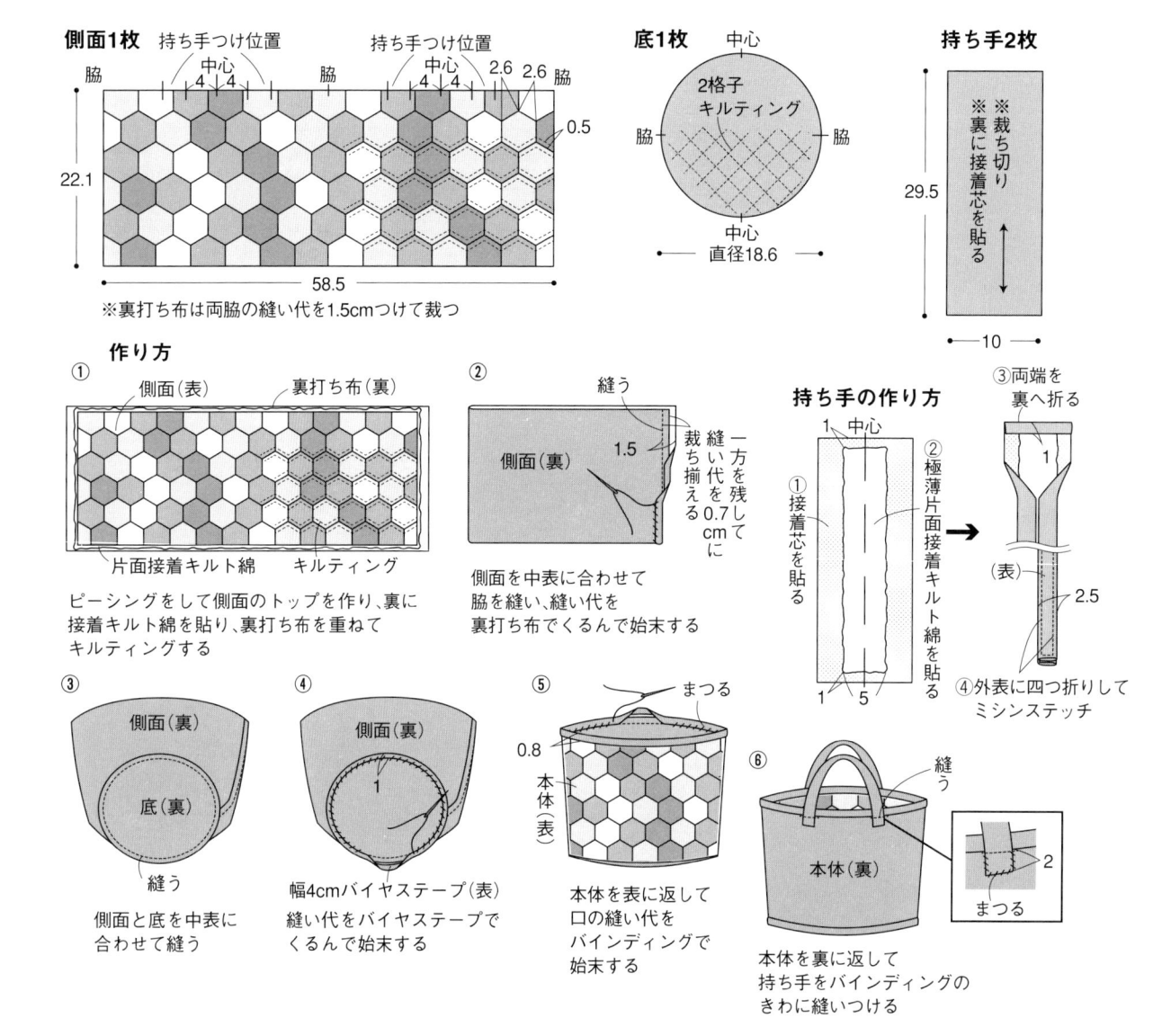

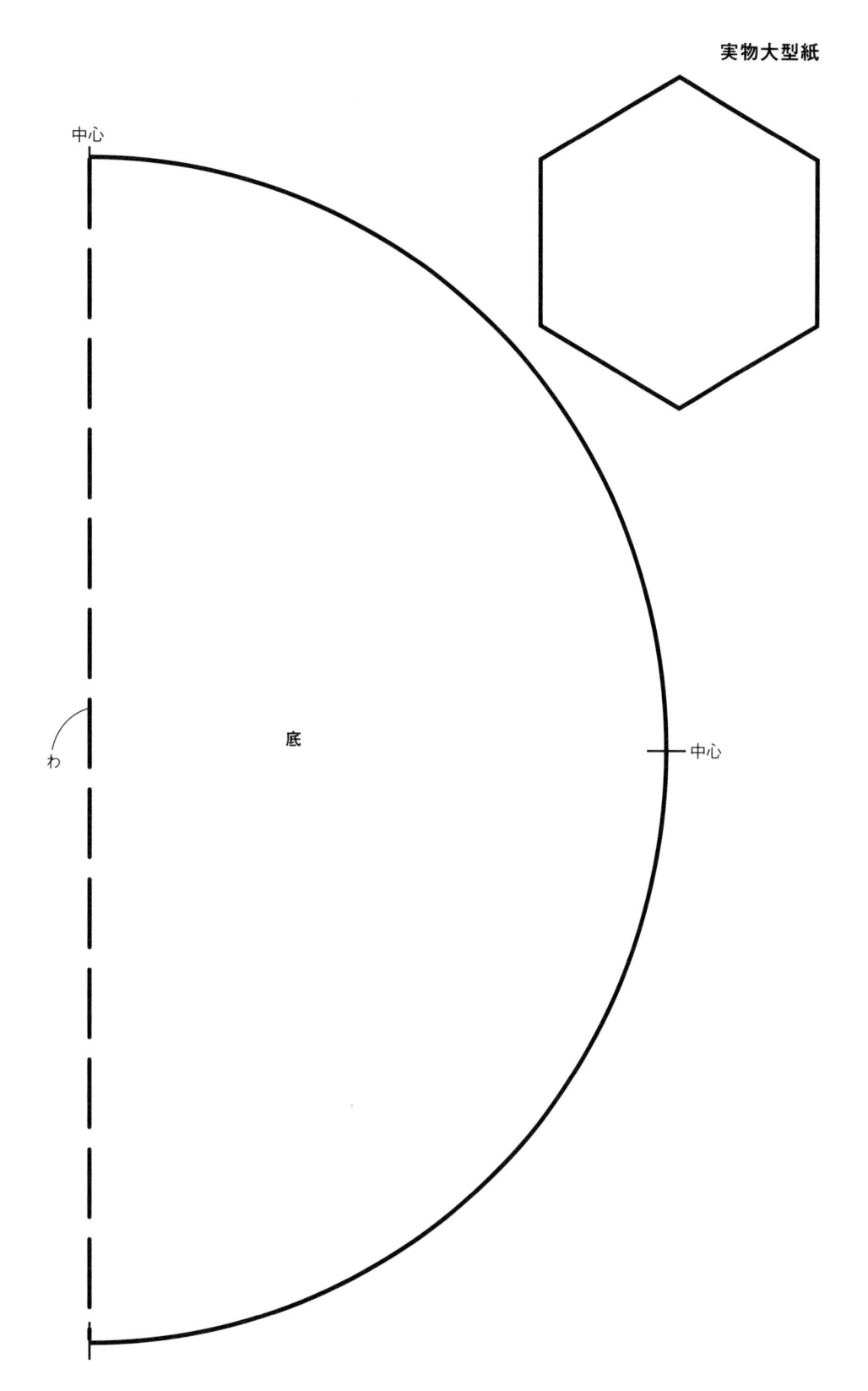

中心

わ

底

中心

配色バリエーションのタペストリー

材料

共通 ピーシング用布各種
裏打ち布、片面接着キルト綿各40×40cm
バインディング用幅3.5cmバイヤステープ160cm

作り方のポイント

• 1/4円の縫い方は68ページ参照。

出来上がり寸法 37.6×37.6cm

作り方

① ピーシングをして本体のトップをまとめる。
② トップに片面接着キルト綿を貼り、裏打ち布を重ねてしつけをかけてキルティングする。
③ 周囲をバインディングで始末する。

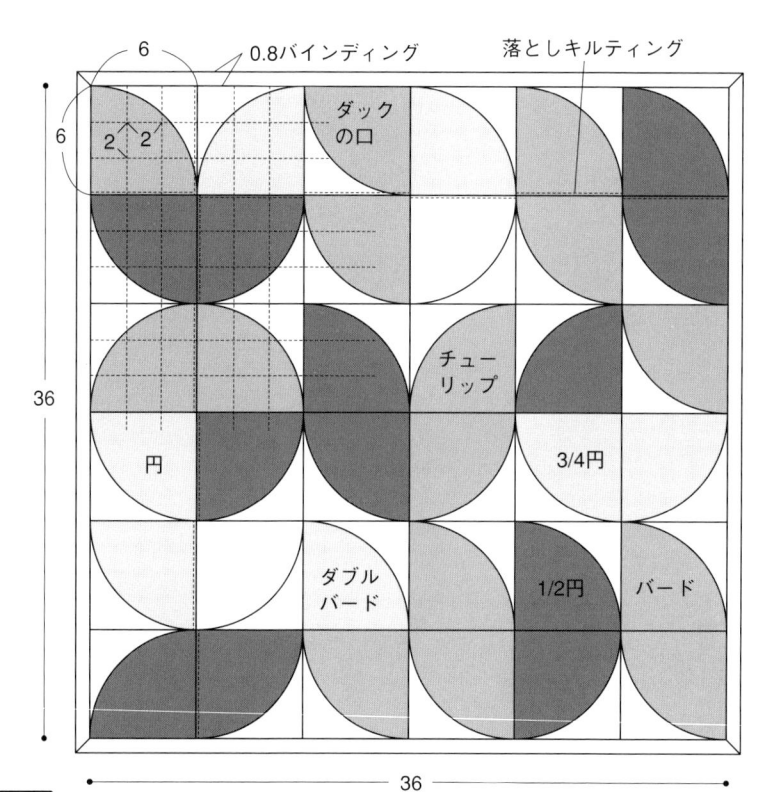

実物大型紙

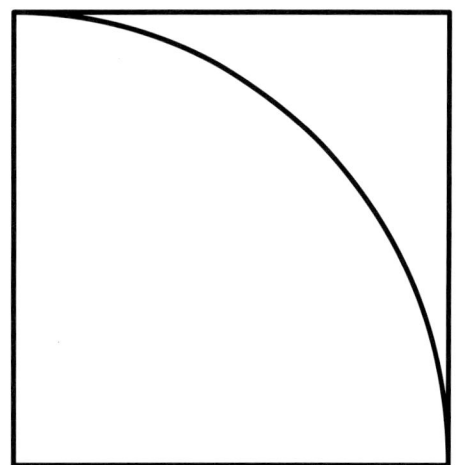

材料

共通 ピーシング用布各種
後ろ用布、裏打ち布、極薄片面接着キルト綿各45×35cm

作り方のポイント

・ 前は12等分のキルティングをせずに残しておき、仕立ててから後ろが
　浮かないように押さえるためにあとから入れる。

出来上がり寸法　27×36cm

作り方

① ピーシングをして前のトップをまとめる。
② トップに極薄片面接着キルト綿を貼り、裏打ち布を重ね
　てしつけをかけてキルティングする。
③ 前と後ろを中表に合わせて返し口を残して縫う。
④ 表に返して返し口をコの字とじでとじる。
⑤ 周囲と12等分の位置をステッチで押さえる。

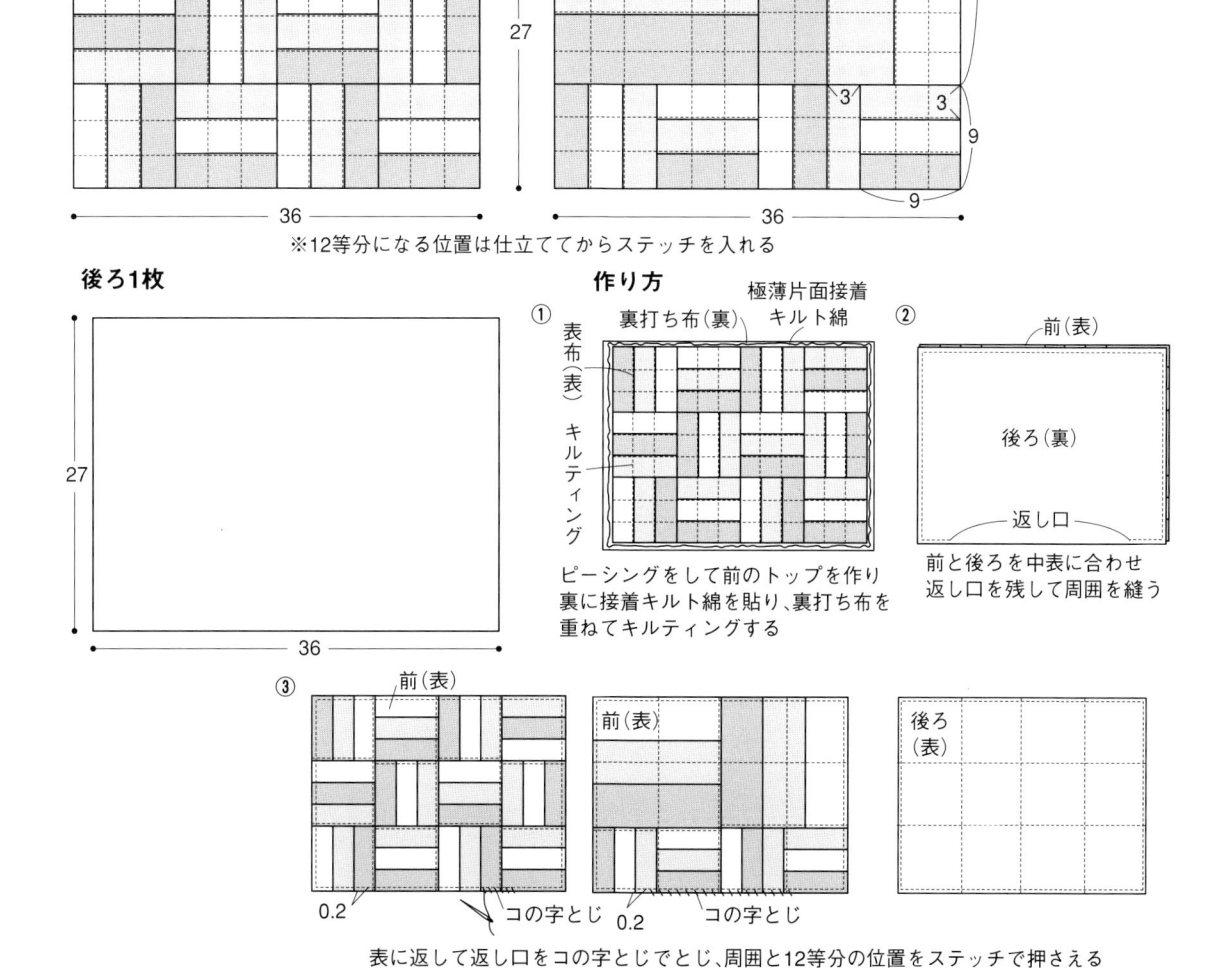

A　前1枚

B　前1枚

落としキルティング

※12等分になる位置は仕立ててからステッチを入れる

後ろ1枚

作り方

① 表布（表）　裏打ち布（裏）　極薄片面接着キルト綿　キルティング

ピーシングをして前のトップを作り
裏に接着キルト綿を貼り、裏打ち布を
重ねてキルティングする

② 前（表）　後ろ（裏）　返し口

前と後ろを中表に合わせ
返し口を残して周囲を縫う

③ 前（表）　0.2　コの字とじ

前（表）　0.2　コの字とじ

後ろ（表）

表に返して返し口をコの字とじでとじ、周囲と12等分の位置をステッチで押さえる

材料

オクタゴン用布各種
白無地(持ち手分含む) 55×50cm
極薄片面接着キルト綿、裏打ち布、中袋用布各85×45cm
接着芯25×40cm

作り方のポイント

- オクタゴンは83ページ参照。

出来上がり寸法　36×36cm

作り方

① ピーシングをして前と後ろのトップをまとめる。印から印まで縫うはめ込み縫いで縫う。
② トップの裏に極薄片面接着キルト綿を貼り、裏打ち布を重ねてしつけをかけてキルティングする。
③ 前と後ろを中表に合わせて脇と底を縫い、本体を作る。
④ 中袋は返し口を残して本体同様に縫う。
⑤ 持ち手を作る。
⑥ 本体に持ち手を仮止めし、中袋を中表に合わせて口を縫う。
⑦ 表に返して返し口をとじる。
⑧ 口をミシンステッチで押さえる。

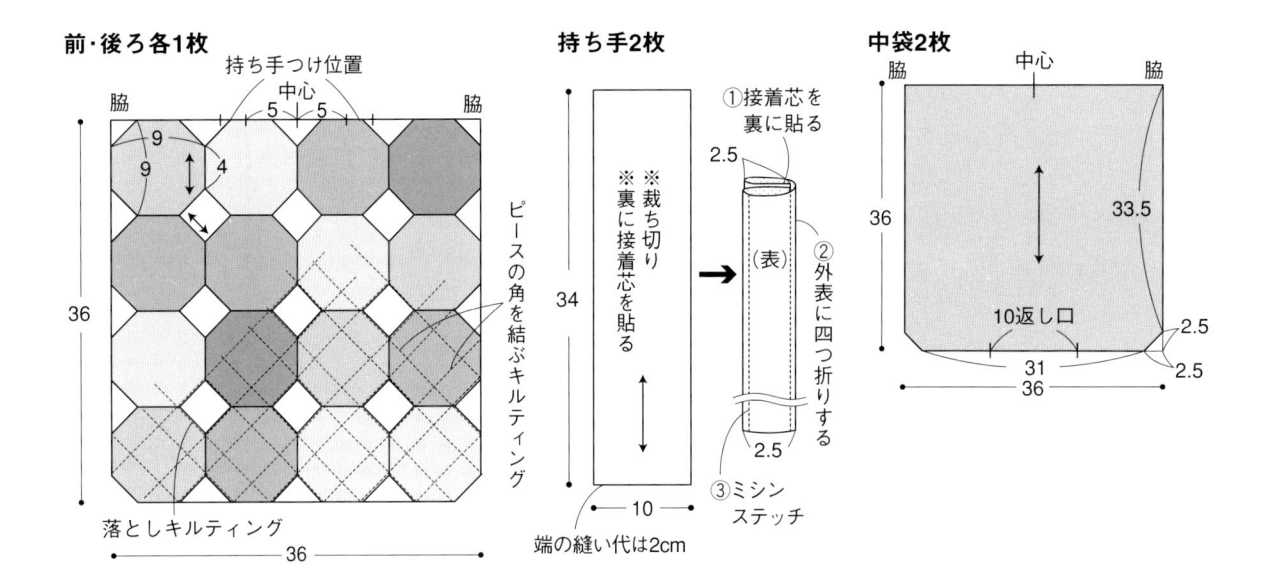

前・後ろ各1枚

持ち手2枚

端の縫い代は2cm

中袋2枚

作り方

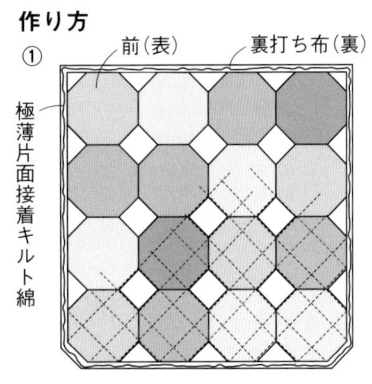

① ピーシングをして前のトップを作り
裏に接着キルト綿を貼り、裏打ち布を
重ねてキルティングする
※後ろも同様に作る

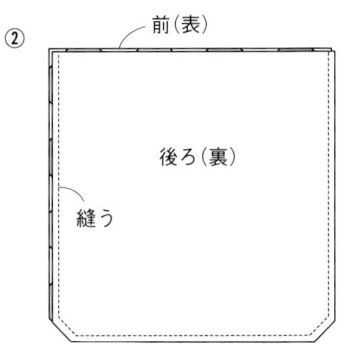

② 前と後ろを中表に合わせて両脇と底を縫う
※中袋は底に返し口10cmを残して同様に作る

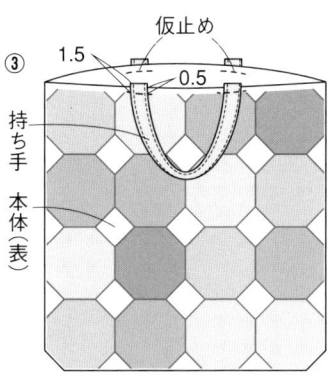

③ 本体を表に返して持ち手を
つけ位置に仮止めする

実物大型紙

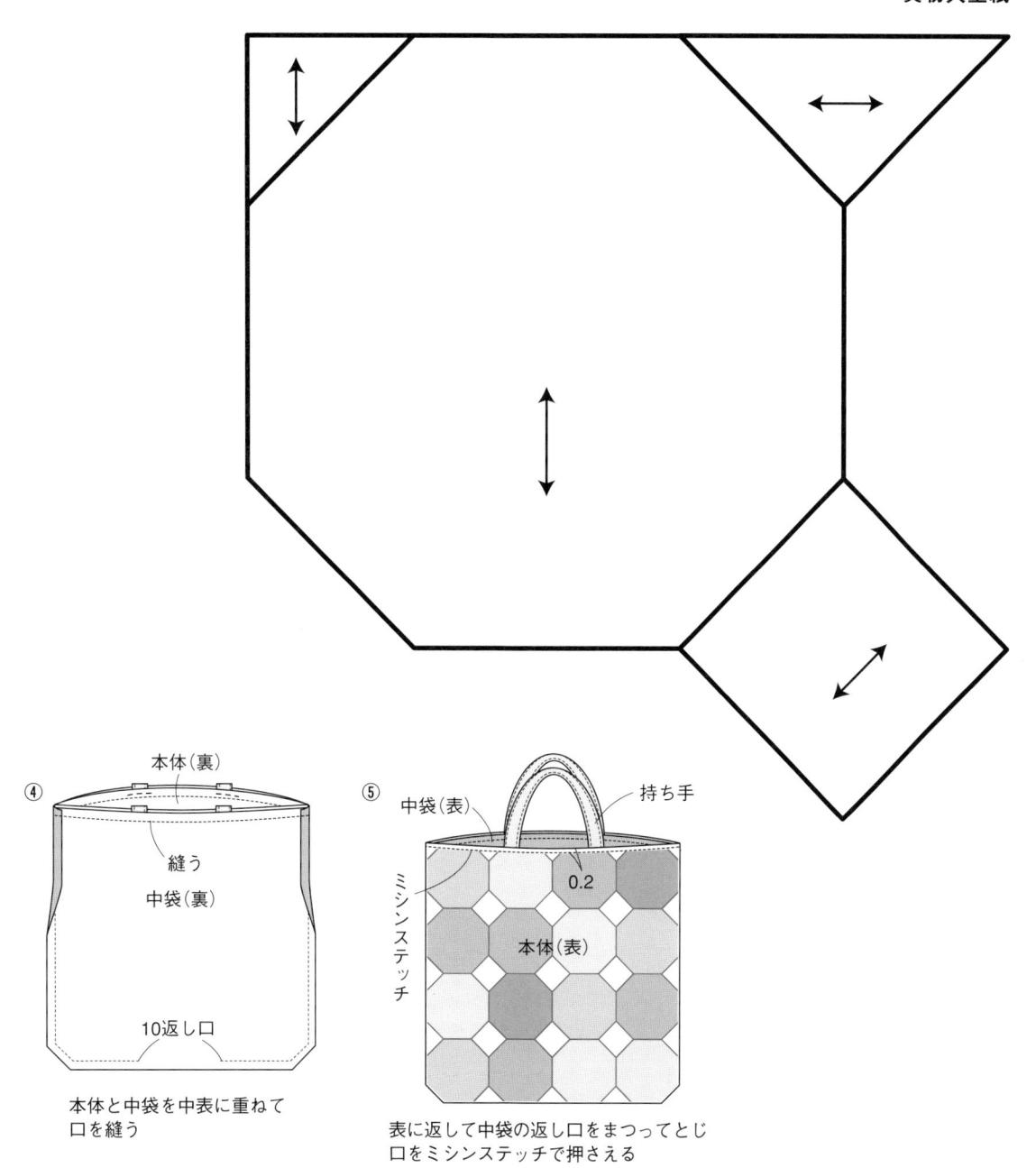

④
本体（裏）

縫う

中袋（裏）

10返し口

本体と中袋を中表に重ねて
口を縫う

⑤
中袋（表）　　　　持ち手

ミシンステッチ

0.2

本体（表）

表に返して中袋の返し口をまつってとじ
口をミシンステッチで押さえる

ウォーターカラー風のペタンコバッグ

材料

ピーシング用布各種
前用麻布（後ろ分含む）、中袋用布各70×50cm
接着芯25×30cm
持ち手用幅2cm麻テープ125cm

作り方のポイント

- ウォーターカラー風のドット絵は86ページ参照。

出来上がり寸法　40×28cm

作り方

① ピーシングをしてドット絵を作り、裏に接着芯を貼る。
② ドット絵と周囲を接ぎ合わせて前をまとめ、ミシンステッチで押さえる。
③ 前と後ろを中表に合わせて脇と底を縫い、本体を作る。
④ 中袋は返し口を残して本体同様に縫う。
⑤ 本体に麻テープの持ち手を仮止めし、中袋を中表に合わせて口を縫う。
⑥ 表に返して返し口をとじる。
⑦ 口の持ち手部分をかんぬき止めで押さえる。

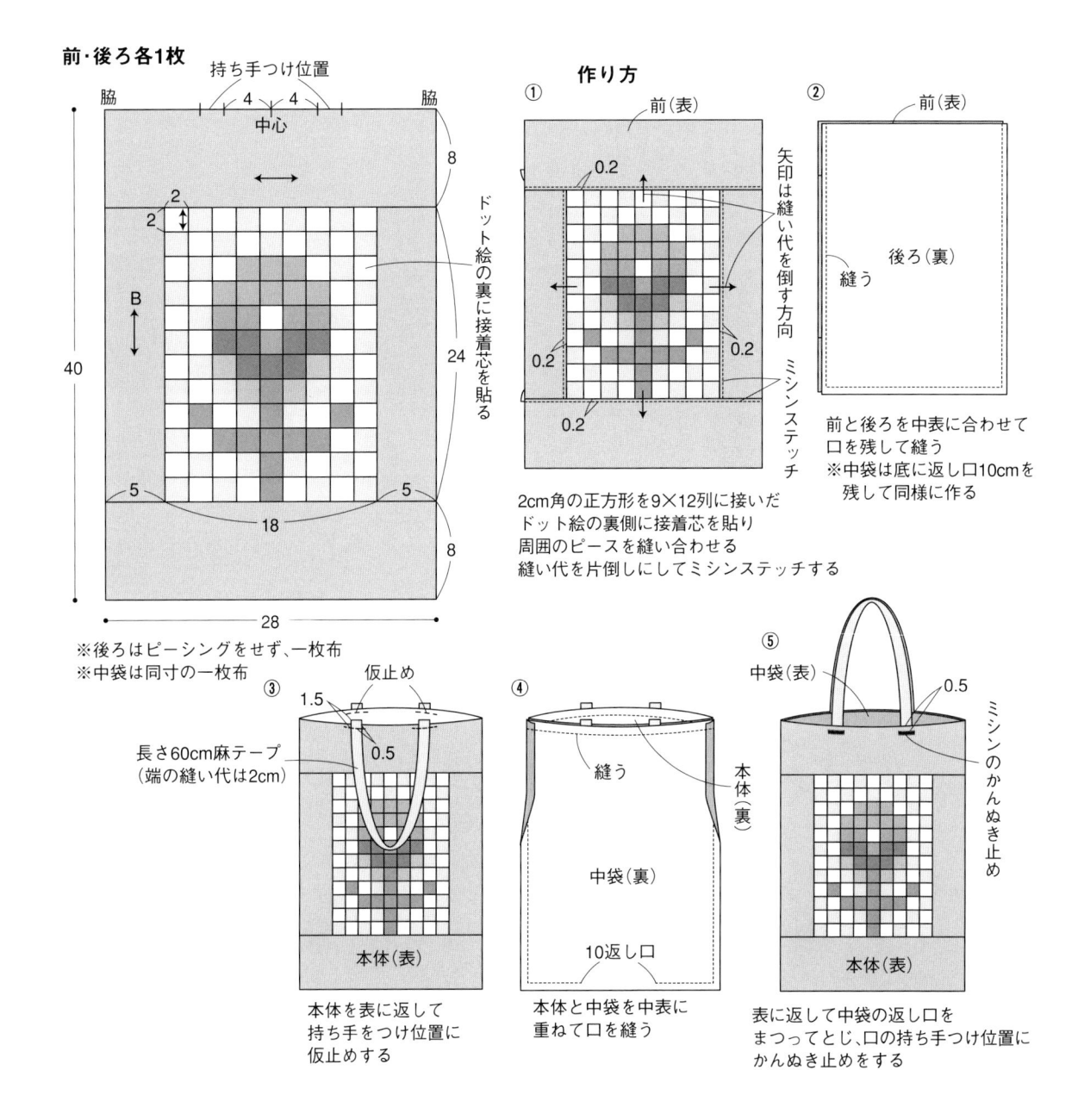

前・後ろ各1枚

※後ろはピーシングをせず、一枚布
※中袋は同寸の一枚布

①

2cm角の正方形を9×12列に接いだ
ドット絵の裏側に接着芯を貼り
周囲のピースを縫い合わせる
縫い代を片倒しにしてミシンステッチする

②

前と後ろを中表に合わせて
口を残して縫う
※中袋は底に返し口10cmを
残して同様に作る

③

長さ60cm麻テープ
（端の縫い代は2cm）

本体を表に返して
持ち手をつけ位置に
仮止めする

④

本体と中袋を中表に
重ねて口を縫う

⑤

表に返して中袋の返し口を
まつってとじ、口の持ち手つけ位置に
かんぬき止めをする

偶数の和と奇数の和のマット

材料

共通 ピーシング用布各種

後ろ用布、裏打ち布、極薄片面接着キルト綿各A15×15cm、B20×15cm

作り方のポイント

・ 左下から順番に縫う。

出来上がり寸法　A12.5×12.5cm　B12.5×15cm

作り方

① ピーシングをして前のトップをまとめる。

② トップに極薄片面接着キルト綿を貼り、裏打ち布を重ねてしつけをかけてキルティングする。

③ 前と後ろを中表に合わせて返し口を残して縫う。

④ 表に返して返し口をコの字とじでとじる。

⑤ 周囲をステッチで押さえる。

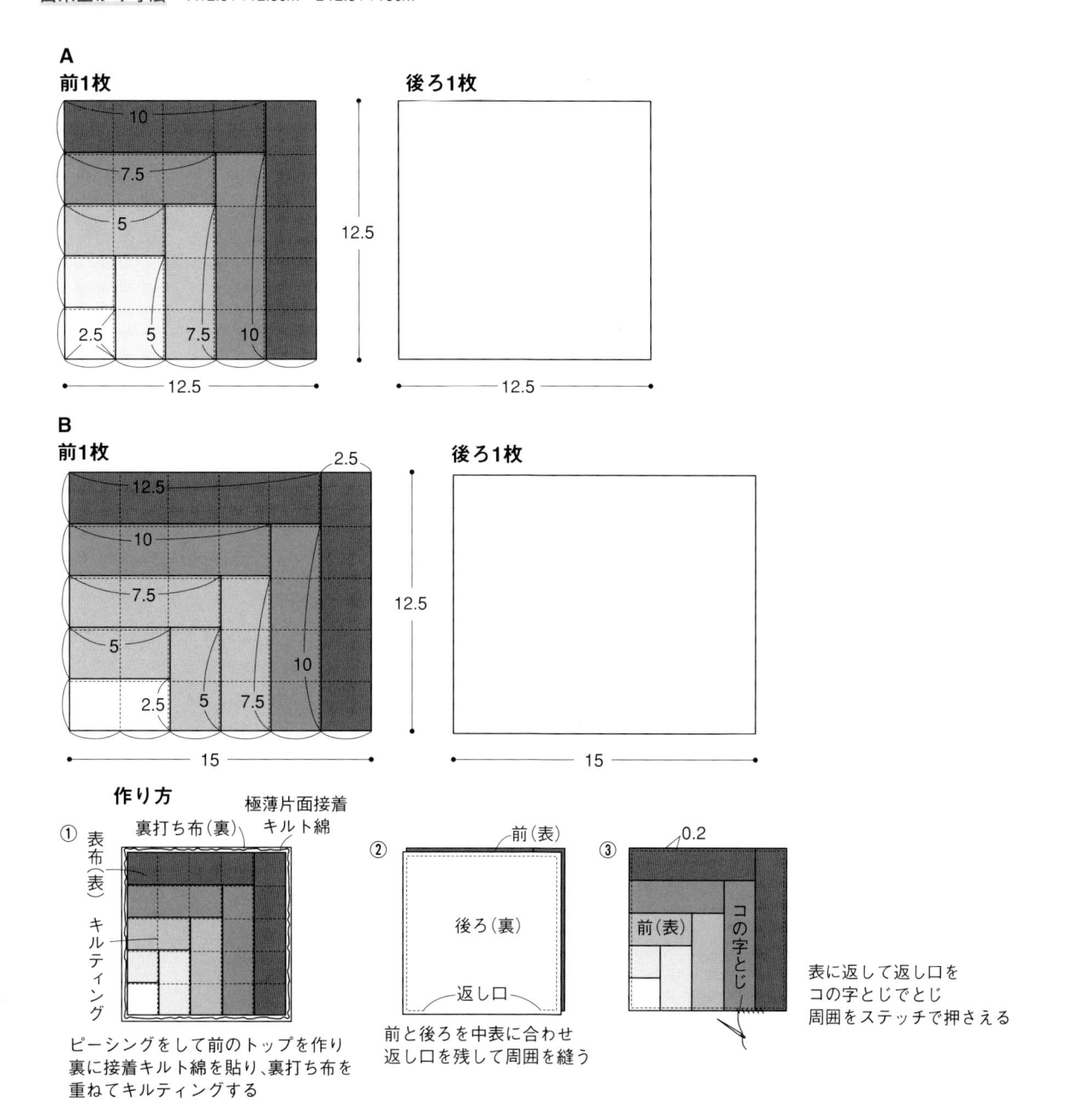

A

前1枚

10
7.5
5
2.5　5　7.5　10

12.5

12.5

後ろ1枚

12.5

12.5

B

前1枚

2.5
12.5
10
7.5
5
10
2.5　5　7.5

15

12.5

後ろ1枚

15

12.5

作り方

① 表布（表）　裏打ち布（裏）　極薄片面接着キルト綿

キルティング

ピーシングをして前のトップを作り裏に接着キルト綿を貼り、裏打ち布を重ねてキルティングする

② 前（表）

後ろ（裏）

返し口

前と後ろを中表に合わせ返し口を残して周囲を縫う

③ 0.2

前（表）　コの字とじ

表に返して返し口をコの字とじでとじ周囲をステッチで押さえる

材料

ピーシング用布各種
後ろ用布65×50cm
裏打ち布、片面接着キルト綿各45×45cm
40cm角ヌードクッション1個

作り方のポイント

- 後ろの作り方と仕立て方は165ページ参照。

出来上がり寸法　40.5×40.5cm

作り方

① ピーシングをして前のトップをまとめる。
② トップに片面接着キルト綿を貼り、裏打ち布を重ねてしつけをかけてキルティングする。
③ 後ろを作る。
④ 前と後ろを中表に合わせて周囲を縫い、縫い代をジグザグミシンで始末する。
⑤ 表に返してヌードクッションを入れる。

前1枚　**後ろ2枚**

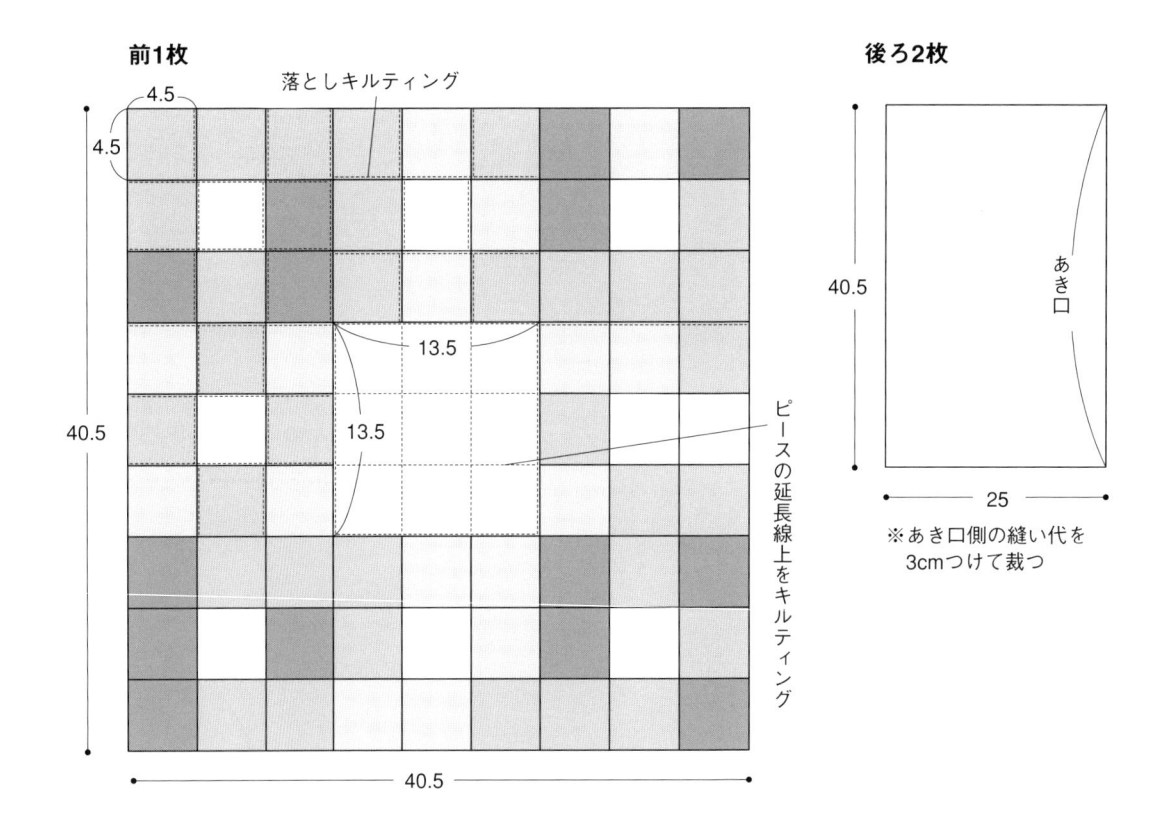

落としキルティング
4.5
4.5
13.5
13.5
40.5
40.5
ピースの延長線上をキルティング

40.5
あき口
25
※あき口側の縫い代を3cmつけて裁つ

材料

ピーシング用白無地（後ろ分含む）110×60cm
ピーシング用グレー無地40×40cm
片面接着キルト綿、裏打ち布各45×45cm
40cm角ヌードクッション1個

出来上がり寸法　40×40cm

作り方

① ピーシングをして前のトップをまとめる。
② トップに片面接着キルト綿を貼り、裏打ち布を重ねてしつけをかけてキルティングする。
③ 後ろを作る。
④ 前と後ろを中表に合わせて周囲を縫い、縫い代はジグザグミシンで始末する。
⑤ 表に返してヌードクッションを入れる。

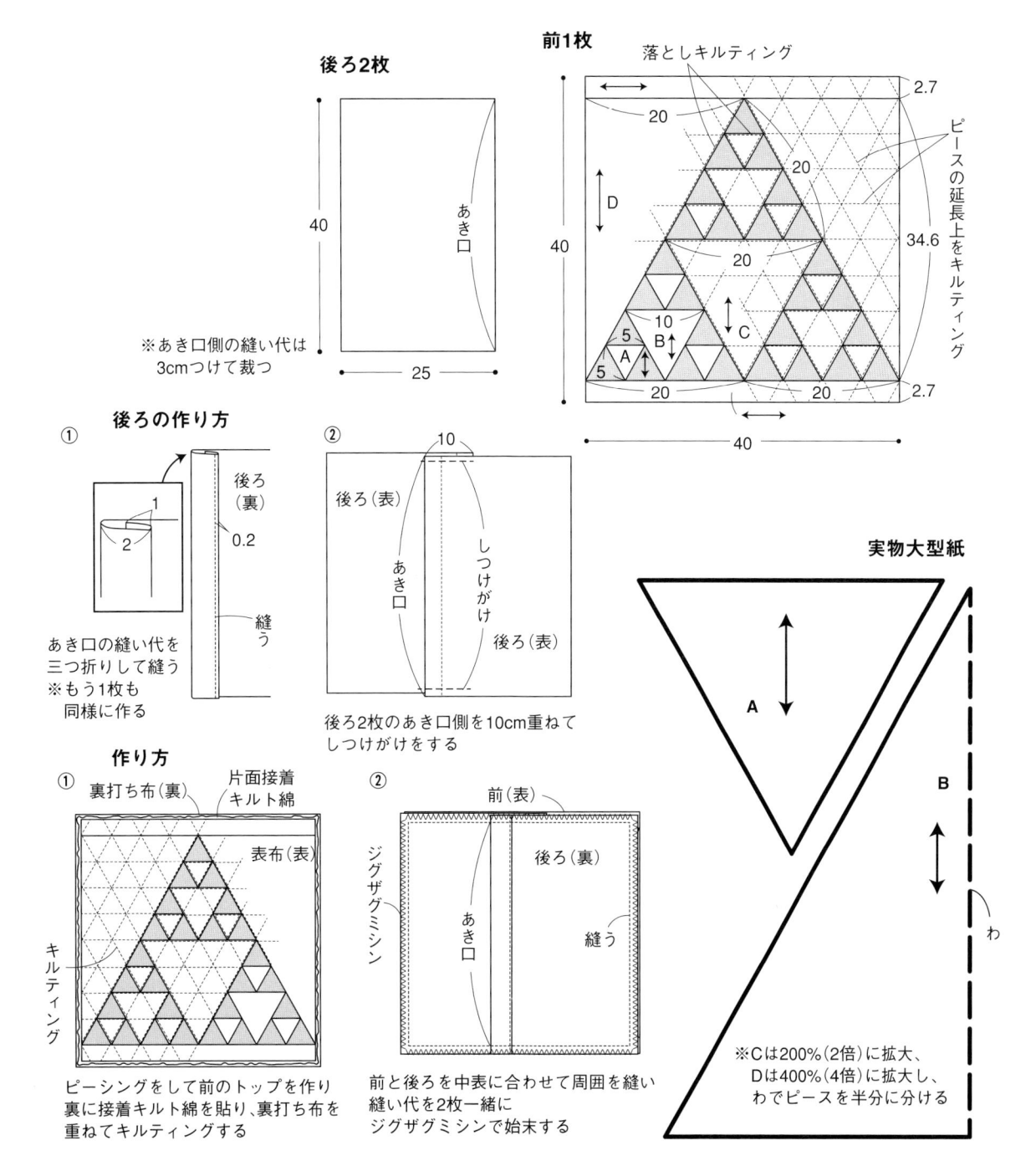

後ろ2枚

40
25
あき口

※あき口側の縫い代は
3cmつけて裁つ

前1枚

落としキルティング
2.7
20
20
D
40
20
34.6
ピースの延長上をキルティング
10
5　B　C
A
5
20　20
2.7
40

後ろの作り方

① 後ろ（裏）
1
2
0.2
縫う

あき口の縫い代を
三つ折りして縫う
※もう1枚も
同様に作る

② 10
後ろ（表）
あき口
しつけがけ
後ろ（表）

後ろ2枚のあき口側を10cm重ねて
しつけがけをする

作り方

① 裏打ち布（裏）　片面接着キルト綿
表布（表）
キルティング

ピーシングをして前のトップを作り
裏に接着キルト綿を貼り、裏打ち布を
重ねてキルティングする

② 前（表）
ジグザグミシン
あき口
後ろ（裏）
縫う

前と後ろを中表に合わせて周囲を縫い
縫い代を2枚一緒に
ジグザグミシンで始末する

実物大型紙

A
B
わ

※Cは200%（2倍）に拡大、
Dは400%（4倍）に拡大し、
わでピースを半分に分ける

165

94 page　等差数列の和のピンクッション

材料

共通　ピーシング用布各種
後ろ用布、裏打ち布、極薄片面接着キルト綿各15×15cm
手芸用綿（または羊毛）適宜

<u>出来上がり寸法</u>　A10×12cm　B7.5×12cm　C9×10.5cm

作り方

① ピーシングをして前のトップをまとめる。

② トップに極薄片面接着キルト綿を貼り、裏打ち布を重ねてしつけをかけてキルティングする。

③ 前と後ろを中表に合わせて返し口を残して縫う。

④ 表に返して綿を詰め、返し口をコの字とじでとじる。

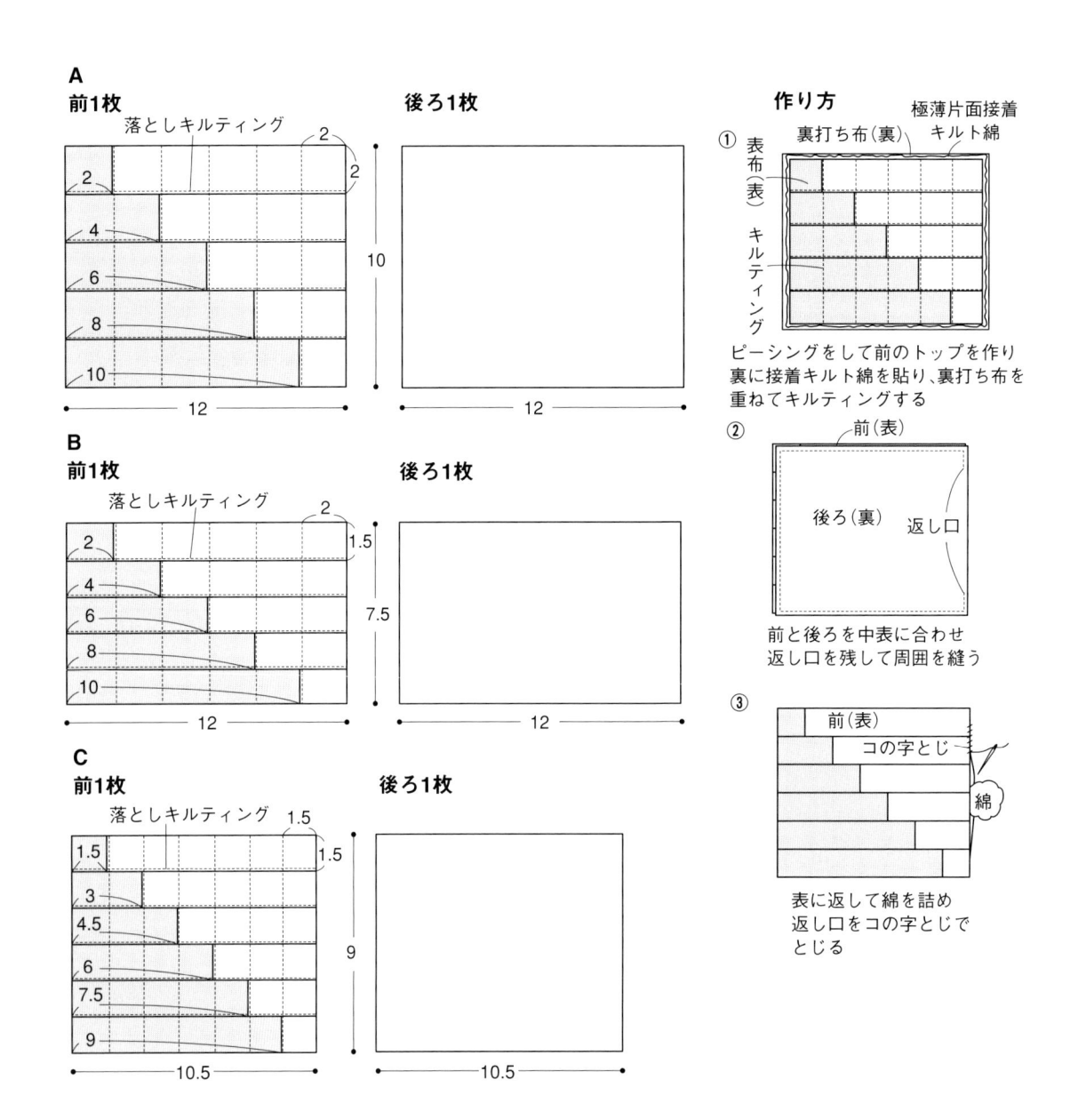

セパレーション配色のティーマット

材料

共通 ピーシング用布3種25×25cm、10×25cm、15×25cm
後ろ用布、片面接着キルト綿各35×25cm

作り方のポイント

- キルティングと周囲のステッチは仕立ててから最後に入れる。
- キルティングラインはキルティング幅を決めて描く方法と、幅が端数になるが辺を等分して描く方法があるので好みで選ぶ。

出来上がり寸法 20.5×29.5cm

作り方

① ピーシングをして前のトップをまとめる。

② トップに片面接着キルト綿を貼る。

③ 前と後ろを中表に合わせて返し口を残して縫う。

④ 表に返して返し口をコの字とじでとじる。

⑤ キルティングをして周囲にステッチをする。周囲のステッチは好みで入れる。

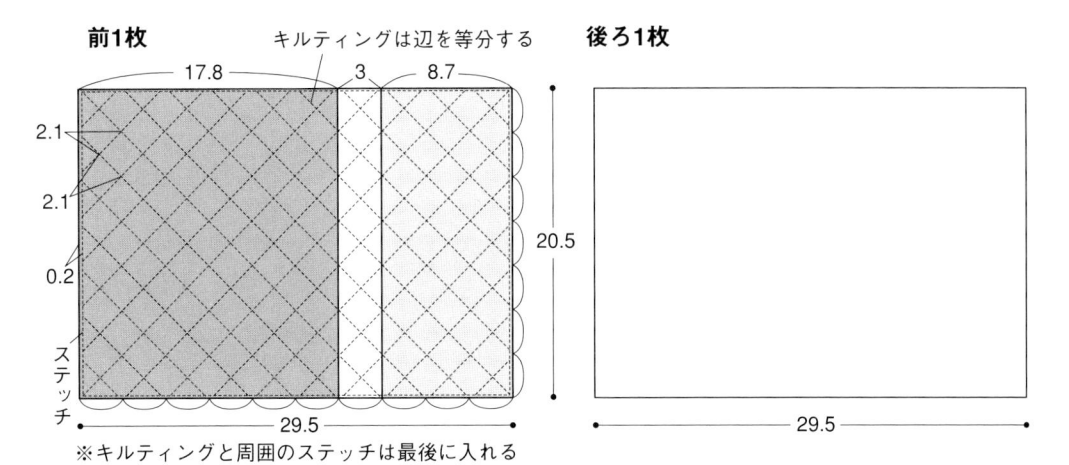

前1枚　キルティングは辺を等分する　後ろ1枚

17.8　3　8.7
2.1
2.1
0.2
ステッチ
20.5
29.5
29.5

※キルティングと周囲のステッチは最後に入れる

作り方

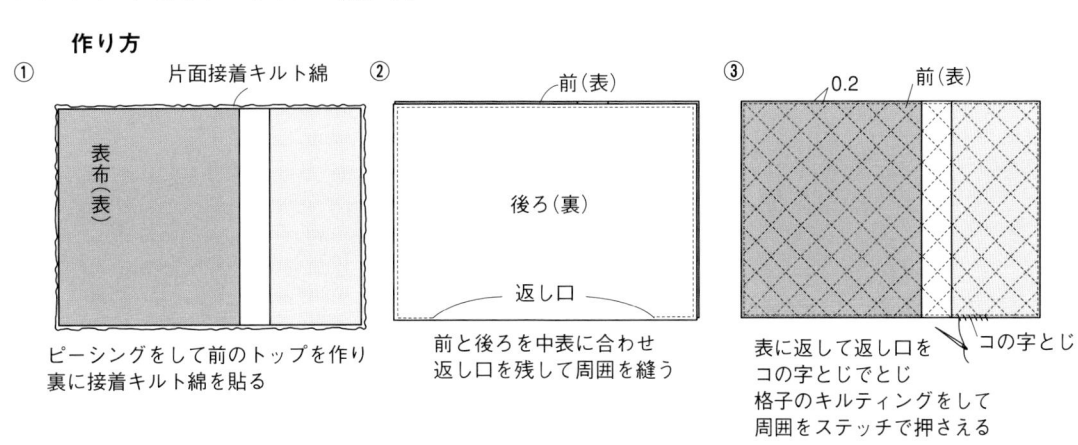

① 片面接着キルト綿
表布(表)

ピーシングをして前のトップを作り
裏に接着キルト綿を貼る

② 前(表)
後ろ(裏)
返し口

前と後ろを中表に合わせ
返し口を残して周囲を縫う

③ 0.2　前(表)

コの字とじ

表に返して返し口を
コの字とじでとじ
格子のキルティングをして
周囲をステッチで押さえる

96 page　レッスンバッグ

材料

ピーシング用布各種
A用布45×15cm
B用水色無地（ピーシング、持ち手分含む）110×40cm
極薄片面接着キルト綿、裏打ち布、中袋用布各90×40cm
接着芯25×35cm

作り方のポイント

• ハウスのパターンは97ページ参照。

出来上がり寸法　30×40cm

作り方

① ピーシングをしてハウスとツリーのパターンを作り、Aと接ぎ合わせ、前のトップをまとめる。後ろはAとBを接いでトップをまとめる。
② 前と後ろのトップの裏に極薄片面接着キルト綿を貼り、裏打ち布を重ねてしつけをかけてキルティングする。
③ 前と後ろを中表に合わせて脇と底を縫い、本体を作る。
④ 中袋を底に返し口を残して本体と同様に縫う。
⑤ 持ち手を作る。
⑥ 本体に持ち手をしつけで仮止めし、中袋を中表に合わせて口を縫う。
⑦ 表に返して返し口をとじ、口をミシンステッチで押さえる。

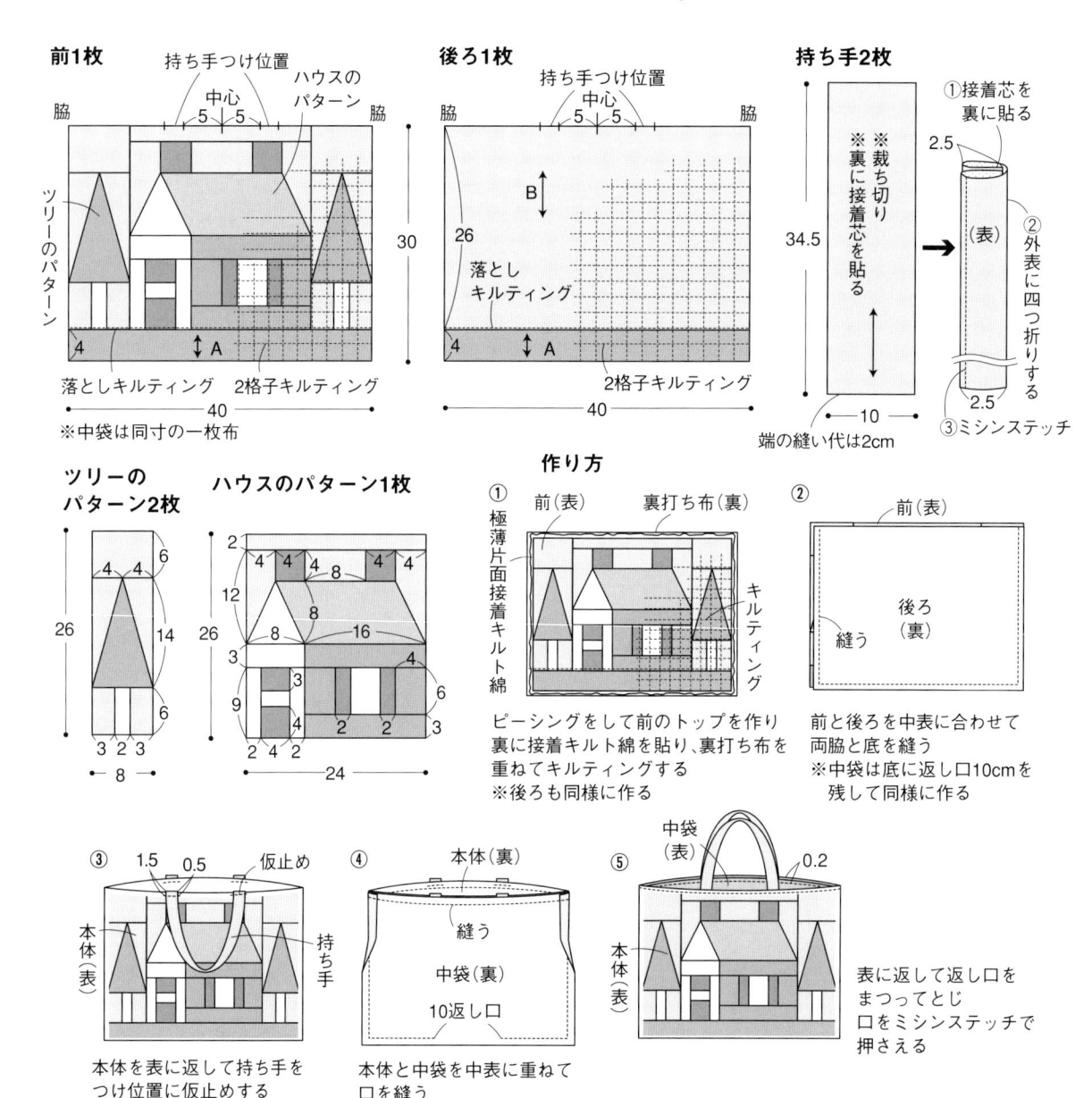

前1枚

脇　持ち手つけ位置　中心　ハウスのパターン　脇
5　5
ツリーのパターン
30
落としキルティング　2格子キルティング
4　A
40
※中袋は同寸の一枚布

後ろ1枚

脇　持ち手つけ位置　中心　脇
5　5
B
26
落としキルティング
4　A
2格子キルティング
40

持ち手2枚

①接着芯を裏に貼る
2.5
※裁ち切り　※裏に接着芯を貼る
34.5
（表）
②外表に四つ折りする
2.5
③ミシンステッチ
10
端の縫い代は2cm

ツリーのパターン2枚

6　6
4　4
26　14
6
3 2 3
8

ハウスのパターン1枚

2　4　4　2
4　4　8
12
8
8　16
26
3
3
9　4
2　4　2
2　2　3
24

作り方

① 極薄片面接着キルト綿
前（表）　裏打ち布（裏）
キルティング
ピーシングをして前のトップを作り裏に接着キルト綿を貼り、裏打ち布を重ねてキルティングする
※後ろも同様に作る

② 前（表）
後ろ（裏）
縫う
前と後ろを中表に合わせて両脇と底を縫う
※中袋は底に返し口10cmを残して同様に作る

③ 1.5　0.5　仮止め
本体（表）　持ち手
本体を表に返して持ち手をつけ位置に仮止めする

④ 本体（裏）
縫う
中袋（裏）
10返し口
本体と中袋を中表に重ねて口を縫う

⑤ 中袋（表）　0.2
本体（表）
表に返して返し口をまつってとじ口をミシンステッチで押さえる

96 page　ハウスの巾着

材料

ピーシング用布各種
後ろ用布（口布、前ピーシング分含む）65×30cm
中袋用布（ひも、前ピーシング分含む）35×60cm

作り方のポイント

• ハウスのパターンは100ページ参照。

出来上がり寸法　23×18cm

作り方

① ピーシングをしてハウスのパターンを作る。

② パターンと周囲のピースを接ぎ合わせて本体前をまとめる。

③ 本体前と後ろを中表に合わせて脇と底を縫う。中袋も本体同様に縫う。

④ 口布を作る。

⑤ 本体と中袋を外表に合わせ、口布を中表に合わせて口を縫う。

⑥ 口布を内側に折り返してひも通しを縫い、縫い代を折り込んで縫う。

⑦ ひもを作り、ひもを通す。

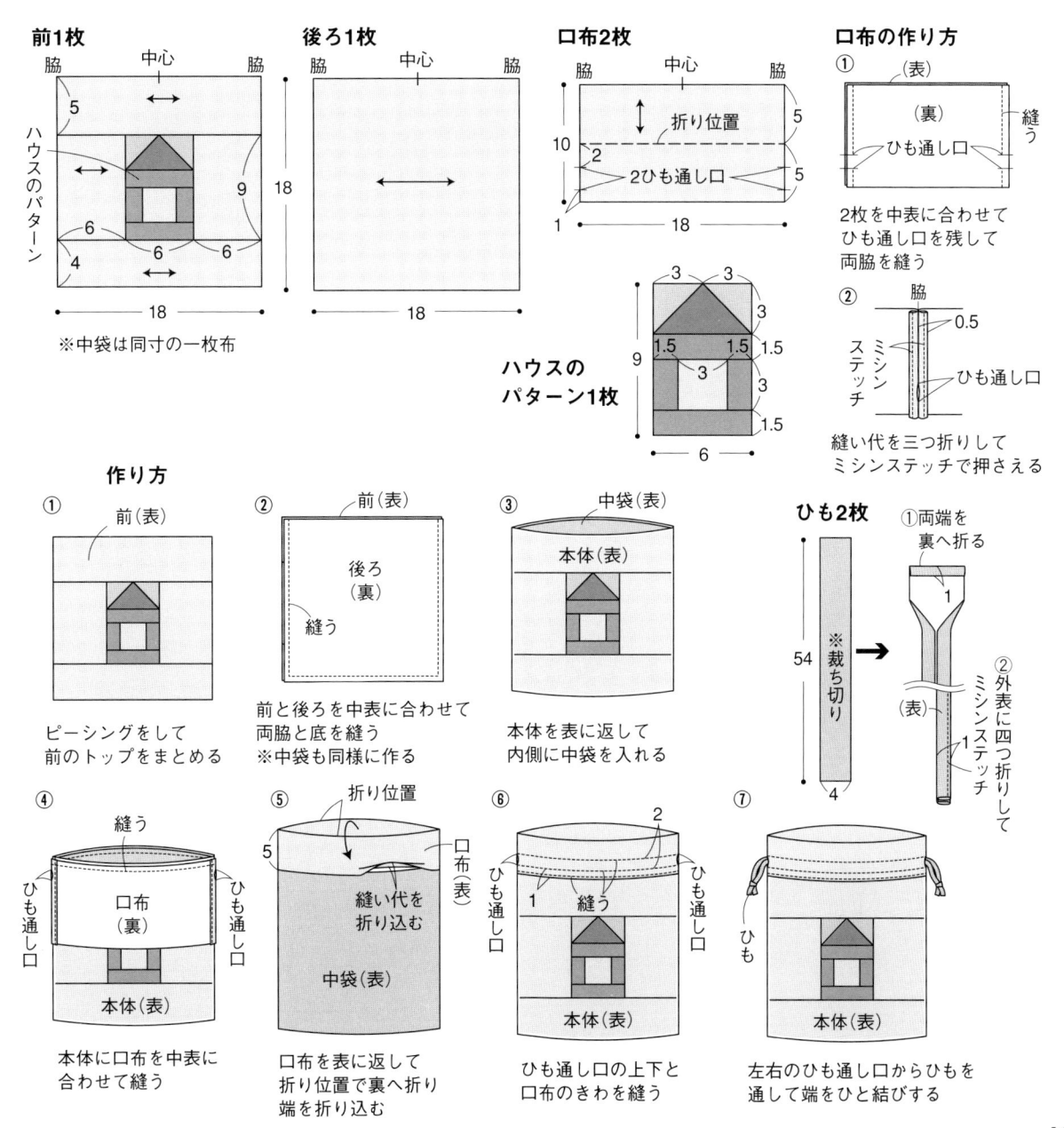

前1枚

後ろ1枚

※中袋は同寸の一枚布

口布2枚

口布の作り方

① 2枚を中表に合わせてひも通し口を残して両脇を縫う

② 縫い代を三つ折りしてミシンステッチで押さえる

ハウスのパターン1枚

作り方

① ピーシングをして前のトップをまとめる

② 前と後ろを中表に合わせて両脇と底を縫う　※中袋も同様に作る

③ 本体を表に返して内側に中袋を入れる

ひも2枚

① 両端を裏へ折る

② 外表に四つ折りしてミシンステッチ

④ 本体に口布を中表に合わせて縫う

⑤ 口布を表に返して折り位置で裏へ折り端を折り込む

⑥ ひも通し口の上下と口布のきわを縫う

⑦ 左右のひも通し口からひもを通して端をひと結びする

材料

ピーシング用布各種

マチ用布（ピーシング、底、持ち手、口バインディング用幅4cmバイヤステープ分含む）100×100cm

片面接着キルト綿、中袋用布各90×60cm

極薄片面接着キルト綿15×40cm

接着芯30×40cm

作り方のポイント

- 黒目はプリントの柄を利用し、アップリケをするときは67ページを参照。

出来上がり寸法　24×38×12cm

作り方

① ピーシングをして本体前と後ろのトップをまとめる。

② 前と後ろ、マチ、底の裏に片面接着キルト綿を貼り、裏打ち布を重ねてしつけをかけてキルティングする。

③ 前と後ろとマチを中表に合わせて両脇を縫って側面を作る。

④ 底と側面を中表に重ねて縫い合わせる。

⑤ 中袋を同様に作る。

⑥ 持ち手を作る。

⑦ 本体と中袋を外表に合わせて口をバインディングで始末する。

⑧ 持ち手を本体のバインディングのきわにミシンで縫いつける。

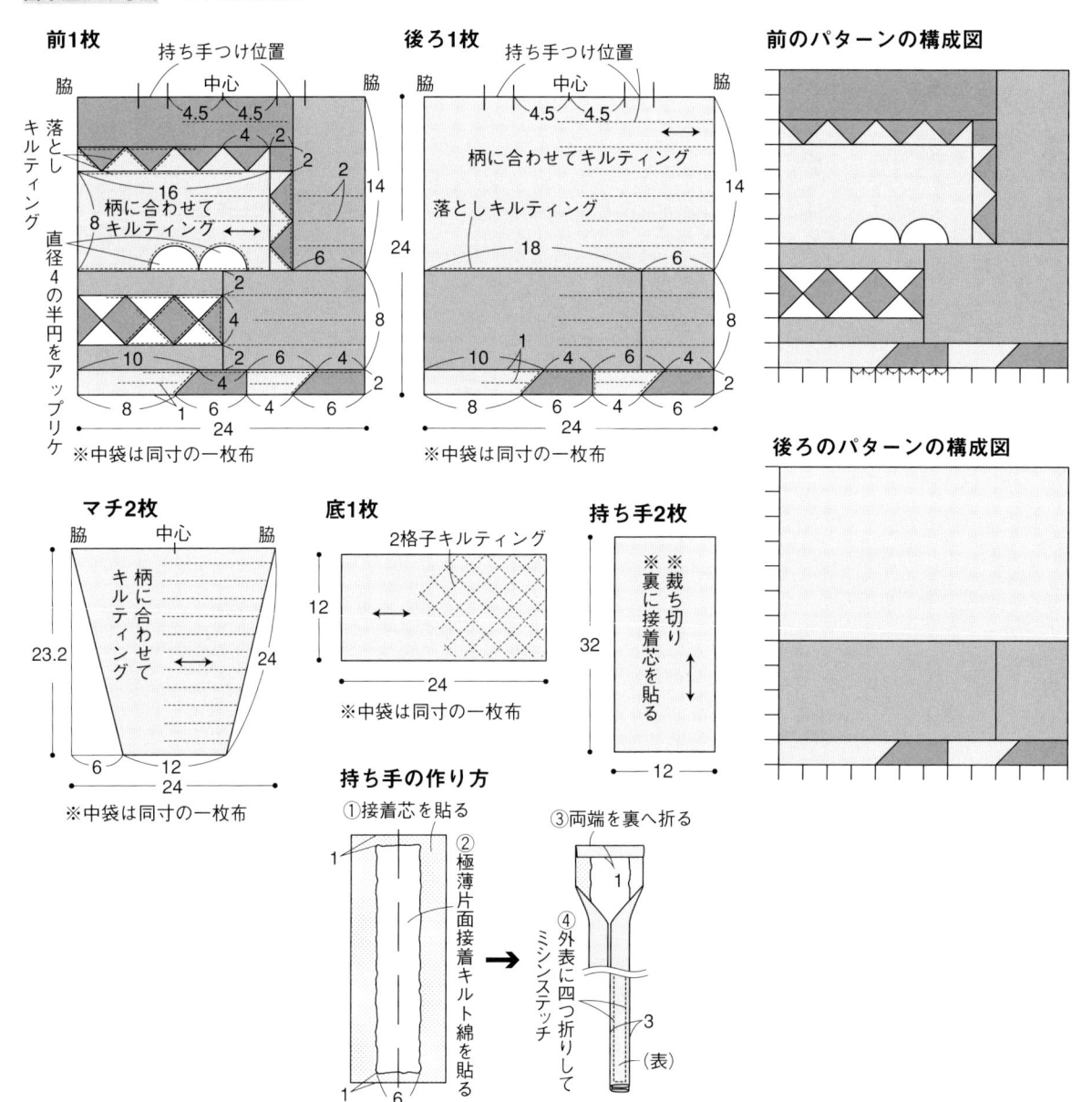

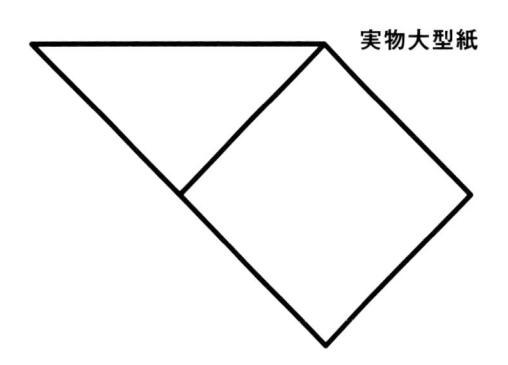

実物大型紙

作り方

①

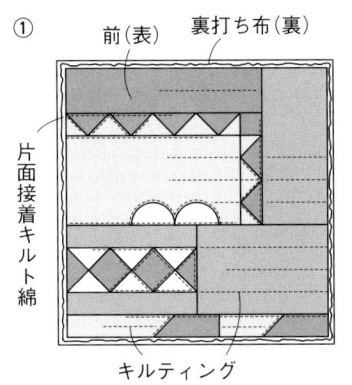

前（表）　裏打ち布（裏）

片面接着キルト綿

キルティング

ピーシングをして前のトップを作り
裏に接着キルト綿を貼り、裏打ち布を
重ねてキルティングする
※後ろとマチ、底も同様に作る

②

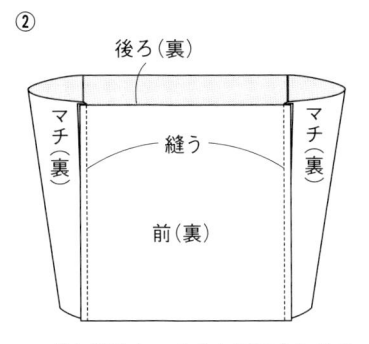

後ろ（裏）

マチ（裏）　縫う　マチ（裏）

前（裏）

前と後ろとマチを中表に合わせて
側面を作る
※中袋も同様に作る

③

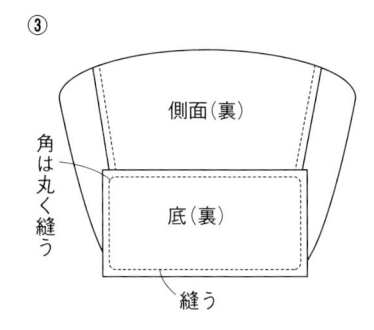

側面（裏）

角は丸く縫う

底（裏）

縫う

側面と底を中表に重ねて縫う
※中袋も同様に作る

④

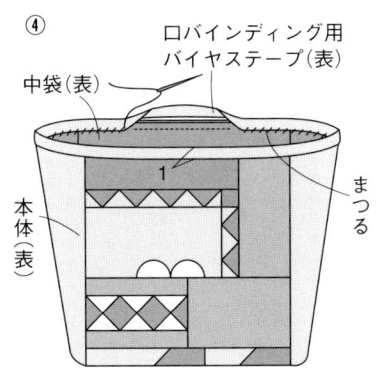

口バインディング用
バイヤステープ（表）

中袋（表）

本体（表）

1

まつる

本体と中袋を外表に重ねて
口をバインディングで始末する

⑤

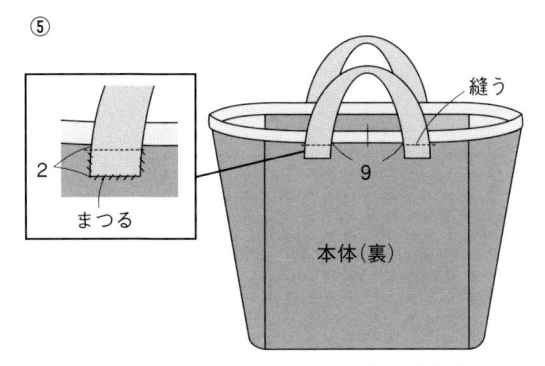

2

まつる

縫う

9

本体（裏）

本体を裏に返して持ち手を
バインディングのきわに
縫いつける

材料

サークルフラワー　ピーシング用布各種
葉用布10×5cm
手芸用綿(または羊毛)適宜
ヘキサゴンフラワー　ピーシング用布2種各15×10cm
葉用布10×5cm
手芸用綿(または羊毛)適宜

作り方のポイント

- ペーパーライナーの縫い方は52ページ参照。1辺が1.4cmのペーパーライナーを使用。

出来上がり寸法　サークルフラワー8×10.5cm　ヘキサゴンフラワー

10×8cm

作り方

サークルフラワー

① ピーシングをして本体のトップを作り、中心に花芯をアップリケしてトップを2枚まとめる。
② 葉を作る。
③ トップ2枚を中表に重ね、葉を間にはさみ、返し口を残して周囲を縫う。
④ 表に返して綿を入れ、返し口をとじる。

ヘキサゴンフラワー

① ピーシングをして前と後ろを作る。このときペーパーライナーで接ぎ合わせる。
② 前と後ろを中表に重ね、返し口を残して周囲を縫う。
③ 表に返して綿を入れ、返し口をコの字とじでとじる。
④ 花びらと葉の境に落としキルティングをする。

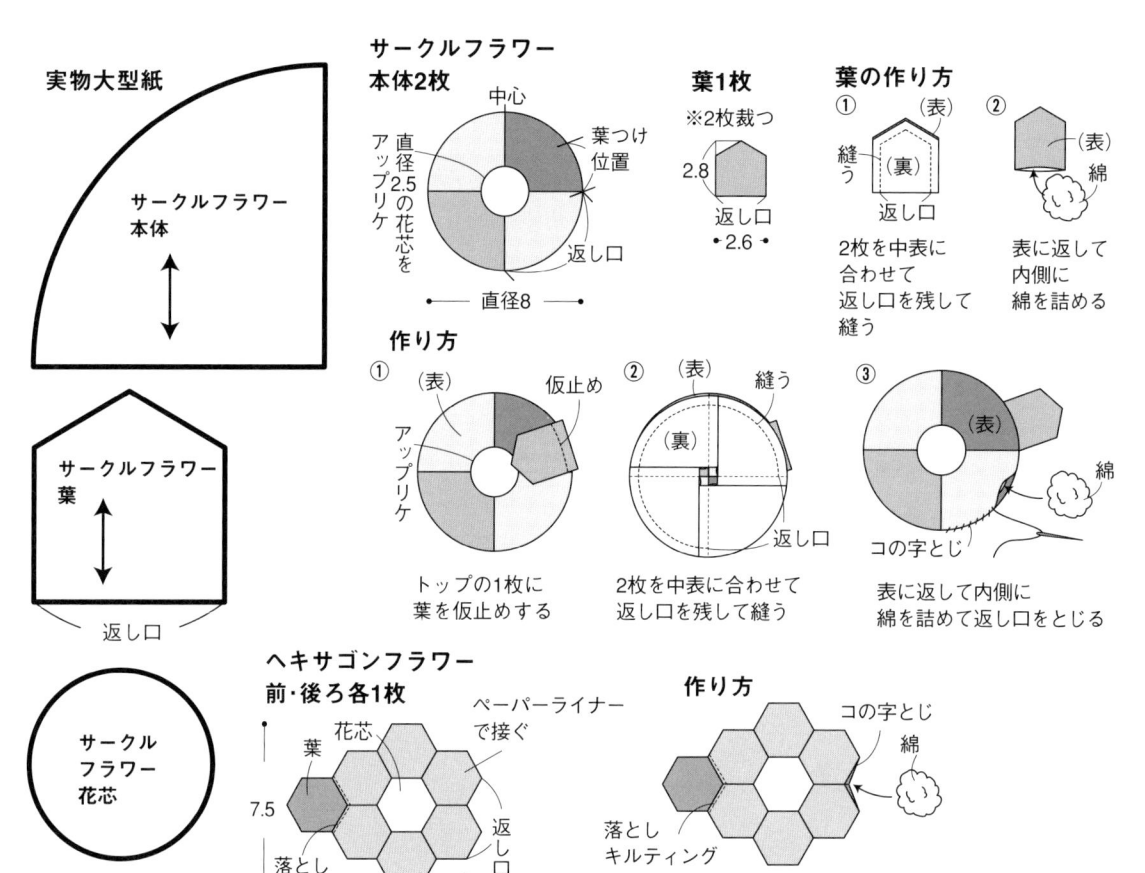

124 page　ポンポン飾りつき四角つなぎのクッション

材料

ピーシング用布各種
後ろ用布 55×40cm
片面接着キルト綿、裏打ち布各 40×40cm
幅2cm ポンポンブレード 140cm
32cm角ヌードクッション1個

出来上がり寸法　32×32cm

作り方

① ピーシングをして前のトップをまとめる。
② トップの裏に片面接着キルト綿を貼り、裏打ち布を重ねてしつけをかけてキルティングする。
③ 後ろを作る。
④ 前と後ろを中表に合わせて周囲を縫う。
⑤ 縫い代をジグザグミシンで始末する。
⑥ 表に返してポンポンブレードを縫いつける。
⑦ ヌードクッションを入れる。

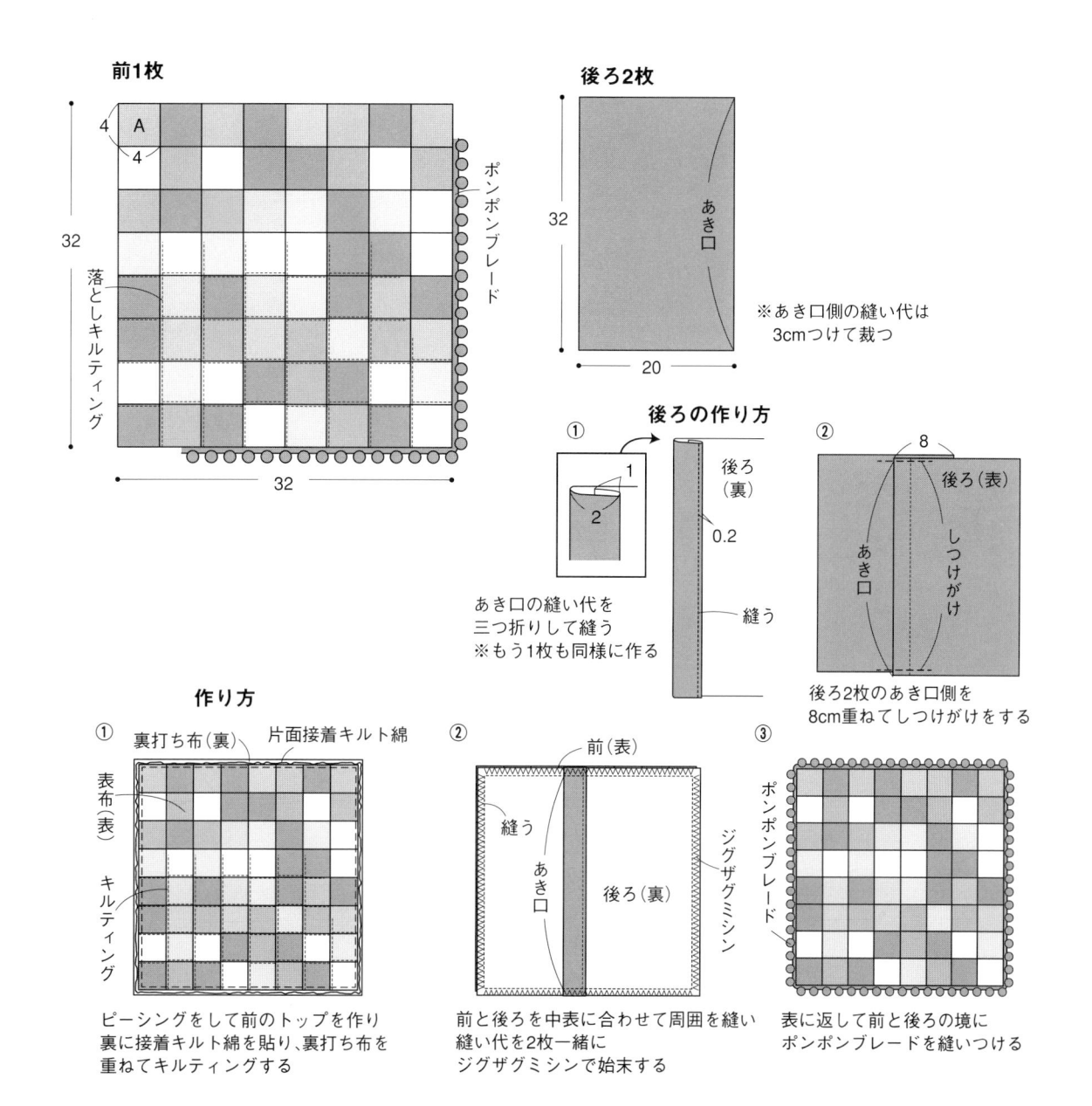

前1枚

4　A
4
32
落としキルティング
32
ポンポンブレード

後ろ2枚

32
20
あき口

※あき口側の縫い代は
　3cmつけて裁つ

後ろの作り方

①
1
2
あき口の縫い代を
三つ折りして縫う
※もう1枚も同様に作る

後ろ（裏）
0.2
縫う

②
8
後ろ（表）
あき口
しつけがけ

後ろ2枚のあき口側を
8cm重ねてしつけがけをする

作り方

①
裏打ち布（裏）　片面接着キルト綿
表布（表）
キルティング

ピーシングをして前のトップを作り
裏に接着キルト綿を貼り、裏打ち布を
重ねてキルティングする

②
前（表）
縫う
あき口
後ろ（裏）
ジグザグミシン

前と後ろを中表に合わせて周囲を縫い
縫い代を2枚一緒に
ジグザグミシンで始末する

③
ポンポンブレード

表に返して前と後ろの境に
ポンポンブレードを縫いつける

127 page　**ナインパッチのお揃い**

材料

クッション　ピーシング用布9種各20×20cm
後ろ用布65×45cm
裏打ち布、片面接着キルト綿各45×45cm
39cm角ヌードクッション1個
鍋つかみ　ピーシング用布9種各10×10cm
後ろ用布25×25cm
バインディング用幅3.5cmバイヤステープ（ループ、ピーシング分含む）
60×60cm
裏打ち布、片面接着キルト綿各45×25cm
ピンクッション2点共通　ピーシング用布9種各10×10cm
後ろ用布、裏打ち布、薄手片面接着キルト綿各15×15cm
手芸用綿（または羊毛）適宜

作り方のポイント

- クッションの後ろの作り方と仕立て方は165ページ参照。
- 鍋つかみは厚みを出すために、前も後ろもトップ、片面接着キルト綿、裏打ち布の3層を重ねてキルティングしたものを重ねる。

出来上がり寸法

クッション39×39cm　鍋つかみ19.6×19.6cm
ピンクッション大9×9cm　ピンクッション小7.5×7.5cm

作り方

クッション
① ピーシングをして前のトップをまとめる。
② トップに片面接着キルト綿を貼り、裏打ち布を重ねてしつけをかけてキルティングする。
③ 後ろを作る。
④ 前と後ろを中表に合わせて周囲を縫い、縫い代をジグザグミシンで始末する。
⑤ 表に返してヌードクッションを入れる。

鍋つかみ
① ピーシングをして前のトップをまとめる。後ろのトップは一枚布。
② 前と後ろのトップに片面接着キルト綿を貼り、裏打ち布を重ねてしつけをかけてキルティングする。
③ ループを作る。
④ 前と後ろを外表に重ね、角にループをはさんで周囲をバインディングで始末する。

ピンクッション2点共通
① ピーシングをして前のトップをまとめる。
② トップに極薄片面接着キルト綿を貼り、裏打ち布を重ねてしつけをかけてキルティングする。
③ 前と後ろを中表に合わせて返し口を残して縫う。
④ 表に返して綿を詰め、返し口をコの字とじでとじる。

クッション　前1枚

落としキルティング

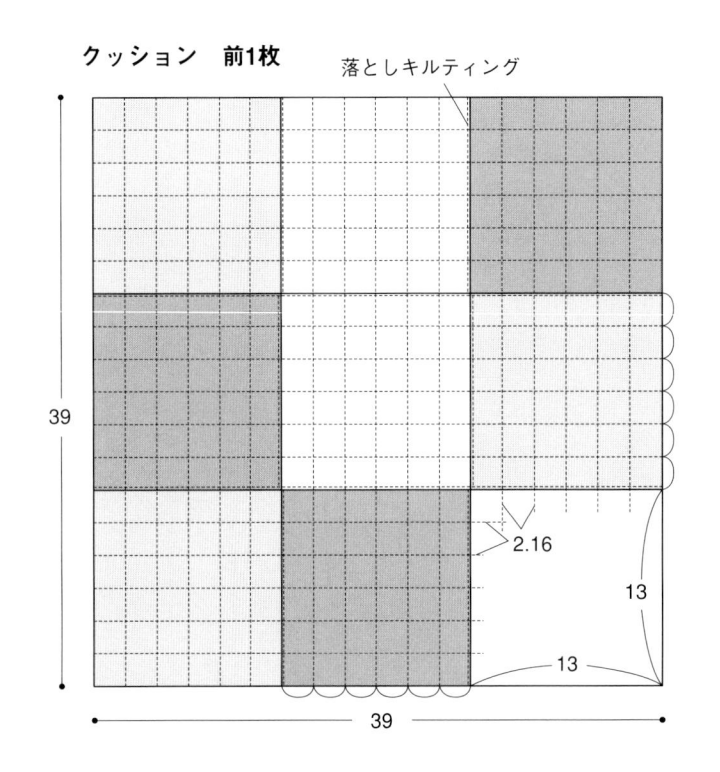

2.16

39

39

13

13

後ろ2枚

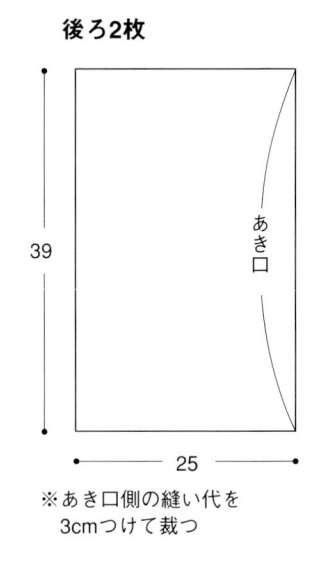

あき口

39

25

※あき口側の縫い代を
3cmつけて裁つ

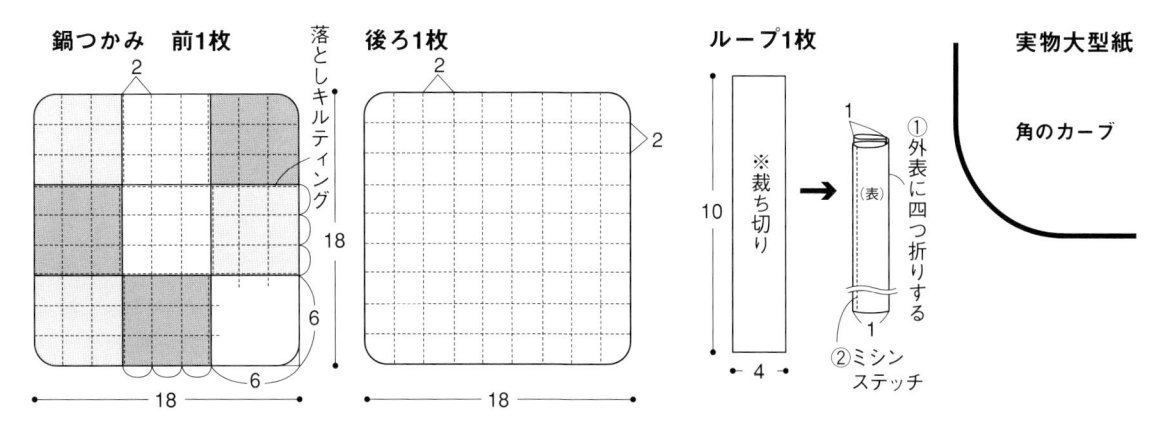

鍋つかみ　前1枚　　**後ろ1枚**　　**ループ1枚**　　実物大型紙

2　　18　　6　　18（前、下部）

2（後ろ）

落としキルティング

※裁ち切り　10　　4

1　① 外表に四つ折りする　（表）　1　② ミシンステッチ

角のカーブ

鍋つかみの作り方

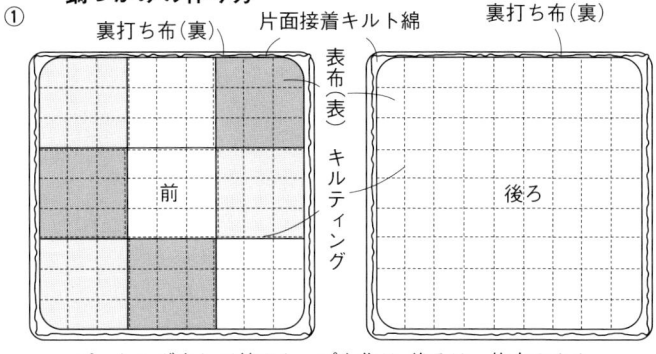

① 裏打ち布（裏）　片面接着キルト綿　表布（表）　裏打ち布（裏）　キルティング

前　　後ろ

ピーシングをして前のトップを作り、後ろは一枚布のまま
裏に接着キルト綿を貼り、裏打ち布を重ねてキルティングする

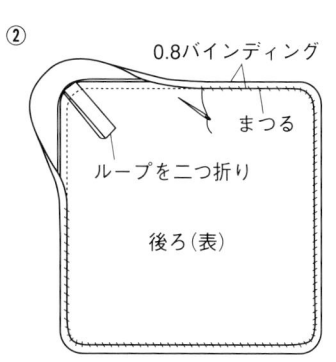

② 0.8バインディング　まつる　ループを二つ折り　後ろ（表）

前と後ろを外表に合わせて
角にループをはさみ
周囲をバインディングで始末する

ピンクッション大

前1枚　　**後ろ1枚**

1.5　9　3　3　9　9

落としキルティング

ピンクッション小

前1枚　　**後ろ1枚**

1.25　7.5　2.5　2.5　7.5　7.5

落としキルティング

ピンクッションの作り方

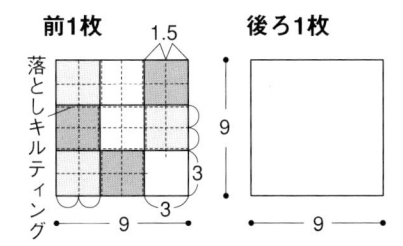

① 表布（表）　裏打ち布（裏）　極薄片面接着キルト綿　キルティング

ピーシングをして前のトップを作り
裏に接着キルト綿を貼り、裏打ち布を
重ねてキルティングする

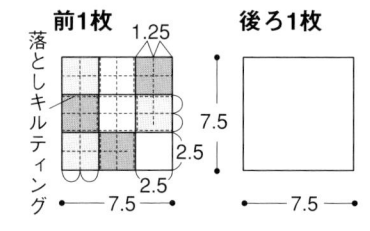

② 前（表）　後ろ（裏）　返し口

前と後ろを中表に合わせ
返し口を残して周囲を縫う

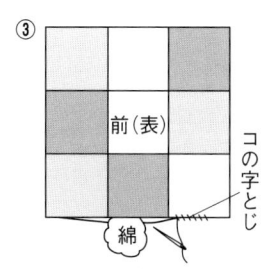

③ 前（表）　コの字とじ　綿

表に返して綿を詰め
返し口をコの字とじでとじる

Profile

藤田久美子
Kumiko Fujita

キルトデザイナー。「藤田久美子キルターズスタジオ」主宰。女子美術短期大学造形学科でグラフィックデザインを専攻。卒業後、グラフィックデザイナーとして働いたのち、キルト作家となる。パッチワークを中心にオリジナルデザインを学べる教室を開講している。雑誌の連載、著書は多数。

制作協力

伊藤培美・上原久子・内山久美子・末永妙・杉田恵利子・馬場歩美・町田ほずみ

素材提供

Quilts1989
https://solidcolor89.base.shop
無地のカラー生地を販売。

撮影協力

UTUWA
東京都渋谷区千駄ヶ谷 3-50-11
明星ビルディング 1 階
tel. 03-6447-0070

参考文献

『アメリカン・パッチワークキルト事典』
小林恵　文化出版局　1983 年
『1001 パッチワークデザイン』
マギー・マローン　日本ヴォーグ社　1988 年
『花かご揺りかご』
小野ふみえ　暮らしの手帖社　1998 年
『カラーコーディネーターのための 配色入門』
川崎秀昭　日本色研事業　2002 年

Staff

撮影　福井裕子
デザイン　橘川幹子
作図　爲季法子
編集　恵中綾子（グラフィック社）

パターンからデザインを考える
パッチワークキルトのアイデアノート

2025 年 3 月 25 日　初版第 1 刷発行

著　者　藤田久美子
発行者　津田淳子
発行所　株式会社グラフィック社
　　　　〒 102-0073
　　　　東京都千代田区九段北 1-14-17
　　　　tel. 03-3263-4318（代表）
　　　　　　03-3263-4579（編集）
　　　　fax.03-3263-5297
　　　　https://www.graphicsha.co.jp
印刷製本　TOPPAN クロレ株式会社